U0566400

谨以此书献给母亲

教育部重大攻关项目（16JZD026）资助

国家自然科学基金项目（71572060）资助

广东省『十二五』社科规划项目（GD11CZZ02）资助

明初行政体制改革的逻辑

张树旺 ◎ 著

从方孝孺与浙东学派的视角

THE LOGIC OF ADMINISTRATIVE SYSTEM REFORM
IN THE EARLY MING DYNASTY

From the Perspective of Fang Hsiao-ju
and Eastern Zhejiang School

社会科学文献出版社
SOCIAL SCIENCES ACADEMIC PRESS (CHINA)

内容摘要

本书通过分析方孝孺的殉难过程，认为方孝孺之死与其他壬午殉难者最大的不同之处在于方孝孺是死于固守信念。本书通过考证"是"字与"成仁取义"的内在联系，来证实方孝孺早已坚定了誓死的信念。这是"读书种子"的"圣人之心"在政治专制主义急剧上升时期激烈地批评时政、改造社会的结果。

本书还分析了方孝孺所誓死之理想的主要内容，即其君道思想。方孝孺的设君之道是从天人合一处着眼的。他认为人天生就有智力上的差异，这是出现社会不平等的根源。然天意并非如此。天设君为公。所以方孝孺继承儒家传统中的民本论，以民来界定君之职责。他认为君主的职责在于公平、善性等诸价值领域，君权的行使是为了养民，君主不得与民争利。

方孝孺由现实的君主现象出发，做出君主是为自己私利自营的假设，所以他主张制约君权。他认为革命是现实政治中对君主的限制手段，但只能对"非正统"之君才可使用。方孝孺重视儒学道统论对君主的限制，创造了自己的正统论，对君主权位的取得、使用和继承提出了一系列的限制。限于革命、儒家道统论两种措施的限制力度不足，方孝孺力图创制一种制度以让士民自求幸福，脱离君主的危害。

　　方孝孺的思想在明清时期有着深远的影响。本书通过比较方孝孺与黄宗羲二人的思想，说明方孝孺与黄宗羲思想之间的亲缘关系。其一，在立君本意上，方孝孺与黄宗羲都认为立君为公为民。方孝孺、黄宗羲批判君主的现实力量在于他们认定的人自私自利的自然权利。其二，他们都认定现实君主的本性是自私的，应该对其进行制约，都主张宰相分权。其三，他们主张在公论的基础上，立法为天下之民，反对代表一家一姓的自私之法。

Abstract

By analyzing the course of Fang Hsiao-ju's death forthe right cause, this thesis believes that the different of Fang Hsiao-ju's death and the other people death for the right cause in Renwu year（壬午殉难者）is that Fang Hsiao-ju was dead of stick to a belief. The author tries to verify the inherent connections between "shi"（是）and "death for righteous cause"（成仁取义）in order to confirm that Fang Hsiao-ju had already insisted the ideas of pledging his life. That was the result that "saint's mind" of "reading seed" intensely criticized the current politics and reformed the society at the period of political autocracy sharply rising.

Meanwhile, the thesis also analyzes the connotations of Fang Hsiao-ju's faith of pledging his life, that is his monarchical thought（君道思想）. Fang Hsiao-ju considered the way of designating monarch from the angle that human society is an integral part of nature. He deemed that people had inborn unequal in intelligence and that was the root of society unequal. But Heaven's is not. Fang Hsiao-ju held that Heaven design monarch for public interests. As a result, Fang Hsiao-ju succeeded Confucian ideas that the people were the foundation of the state, and defined the monarch's duty by the people. He held that the monarch's duty lies in some value fields like equity, fair, and so on. And the order of performing monarchical authority was supporting people but not contending for interests with people.

Fang Hsiao-ju had already posed hypothesis on the basis of realistic monarch phenomenon that the monarch ruled for his selfish interests. So he advocated restricting monarchical authority. He thought revolution was a tool of restricting monarch in real politics, but as the same time he also considered that only "non-justifiable" ("非正统") monarch can be used. Fang Hsiao-ju devoted much attention to historical philosophy toward monarch restricting and created his himself orthodox view (正统论), which provide a series of restriction on monarchical authority gaining, applying and inheriting. Due to the restriction force of the two measures above discussed, Fang Hsiao-ju tried to create a kind of system in order that people could chase their happiness and separate them from the monarchical endanger.

Fang Hsiao-ju's ideologies produced good results in the period of the Ming Dynasty and the Qing Dynasty. The thesis chooses specially comparing Fang Hsiao-ju's ideology with Huang Zong-xi's in order to illustrate the affinity between the two ideologies. Firstly, with regard to the original intention of designating monarch, Fang Hsiao-ju and Huang Zong-xi both thought designating monarch for the public and for the people. The realistic strength that Fang Hsiao-ju and Huang Zong-xi criticizing monarch lied in they firmly believed that selfishness is people's nature right. Secondly, they also firmly believed that realistic monarch's nature was selfish and should be restricted. So they both advocated prime minister to divide the monarchical authority. Thirdly, they both advocated make legislate for the people on the basis of public opinion and opposed selfish legislate for family interests.

目　录

导　言
方孝孺及其时代悲剧

一　"宋门凤凰"与殉道"正学"

方孝孺，字希直，一字希古，号逊志，元末明初浙江台州宁海（今浙江省宁波市宁海县）人，生于元至正十七年（1357），卒于明建文四年（1402），明初著名儒者，明清士儒皆尊其为"正学"和"读书种子"。

关于明初儒学演变，《明史·儒林传》载："明初诸儒，皆朱子门人之支流余裔，师承有自，矩矱秩然。"① 方孝孺之父方克勤（字愚庵）就是此时浙东程朱理学复兴的主要推动者之一。明朝谢铎有诗曰："我台之学，考亭是师。迨于愚庵，实闻而知。"② 方孝孺幼承庭训，受家学影响颇深。《方正学先生年谱》载："（方孝孺——引者按）玩索濂、洛、关、闽之说，举疑者以质于愚庵公及兄孝闻。先生之学故多得之庭训。后先生尝曰：'某所以粗知此道者，非独父

① （清）张廷玉等：《明史》卷二百八十二，《儒林传》，中华书局，1974，第7222页。以下引《明史》均同此出处，仅注书名、篇名与页码。
② （明）廖道南：《直文渊阁侍读学士改文学博士方孝孺》，《殿阁词林记》卷六，载于台湾商务印书馆影印文渊阁《四库全书》，第452册，第249页。

师之教，亦由吾兄之训饬也。'"① 二十岁时他承父遗命受教于"明代文臣之首"的著名学者宋濂。在宋门三年，他废寝忘食，发奋读书，成就日新月异。

宋濂门下多天下名士，然皆自认学识在方孝孺之下。即使是先辈学者如胡翰、苏伯衡等也自谓不如方孝孺。宋濂喜称方孝孺是"孤凤凰"，曰：

> 晚得天台方生希直，其为人也凝重，而不迁于物，颖锐有以烛诸理。间发为文，如水涌而山出。喧啾百鸟中，见此孤凤凰，云胡不喜！②

宋濂深喜方孝孺，认为方孝孺已经能通达儒理，怀道自重，不为外在事物所移了。故他喻其他弟子为百鸟，喻方孝孺为孤凤，以赞其出类拔萃的成就。可见由于天赋英姿，加之学界泰斗的宋濂的推许，年轻的方孝孺已经是超群绝伦、声名鹊起的人物了。

但是人生遭遇让方孝孺深刻地体验到专制政治的残酷。对其一生影响最大的两个人皆冤死于"莫须有"的株连中。洪武九年（1376）其父冤死于"空印案"，洪武十四年（1381）其师宋濂又冤死于"胡惟庸案"。③ 亲身经历的大规模的血腥屠杀让方孝孺对现实政治极为不满

---

① （明）卢演编撰《方正学先生年谱》，载于殷萝霞选编《浙江学人年谱》第三册，北京图书馆出版社，2003，第556～583页。以下引该谱，均同此出处，只注明书名。

② 宋濂：《送方生还天台诗并序》，《逊志斋集·附录》。（明）方孝孺：《逊志斋集》，张树旺校点，北京大学《儒藏》编纂与研究中心编《儒藏·精华编二五〇册》，北京大学出版社，2014，第935页。以下引用本书仅注篇名、卷秩和页码。

③ 明初四大案，"空印案"与"胡惟庸案"居其二，动辄株连上万人。

（详见本书第二章）。洪武十三年（1380），方孝孺返乡居家读书。在长达十余年家居岁月里，方孝孺冷静地分析明初的政治现状，写下了许多著名的政论文章，并得到了广大士人的认同。洪武十五年（1382）、二十五年（1392）两次受召，皆与朱元璋政见不合，仅于二十五年（1392）授汉中教授。明太祖去世，遗诏方孝孺辅建文帝。① 方孝孺以卑微之职一举登上天下瞩目的位置，被士人视为明初"尚刑"严酷政策转型的信号。建文帝非常倚重方孝孺，"日侍左右备顾问。……凡将相大政，议辄咨焉"。② 时朝廷削藩，燕王朱棣借机以"清君侧"为名造反。朝廷讨伐之诏檄皆出于方孝孺之手。建文四年（1402），燕兵破南京，建文帝不知所踪。方孝孺"得君行道"的理想破灭，遂自求一死。他不逃不降，公然为建文帝服丧。朱棣逼他起草登基诏书，他不从且大骂"燕贼篡位"，遂出现中国历史上空前绝后的灭十族、诛873人的壮烈悲剧（详见本书第一章）。

二　"读书种子"与士风流弊

方孝孺之死给后人留下了诸多悬而未决的问题，对明代儒林的状况和思想发展产生了深远的影响。首先关注方孝孺之死的影响的是刘宗周。他说：

> 考先生（指方孝孺——引者按）当时已称程、朱复出，后之人反以一死抹过先生一生苦心，谓节义与理学是两事，出此

---

① （明）焦竑：《玉堂丛语》，中华书局，1981，第137页。
② 《方正学先生年谱》。

者入彼，至不得与扬雄、吴草庐论次并称。于是，成仁取义之训，为世大禁，而乱臣贼子，将接踵于天下矣。悲夫！①

刘宗周的话，有两点值得我们注意。一是方孝孺之死所造成的影响："节义与理学是两事，出此者入彼"，"成仁取义之训，为世大禁，而乱臣贼子，将接踵于天下"；二是方孝孺的一生苦心。暂且不论其二，先看其一。刘宗周认为，方孝孺生前就已经号称"程朱复出"，在理学上应该有很高的地位和成就，但是在他殉难后，士人反而只承认他有气节，并不承认他在理学上的成就，甚至认为有气节而"无理学"的方孝孺反而不如像汉代扬雄、元代吴澄这样节义有亏但在学术上有建树的学者，所以士人认为"节义与理学是两事，出此者入彼"，再进一步，也就自然而然地认为，在生死关头，可以不坚持儒学原则，"成仁取义之训，为世大禁"。刘宗周认为，士人视成仁取义为学者的禁忌，这是士风上可悲的弊病，将导致纲常的沦丧。但从另一面看，显然刘宗周认为在方孝孺那里节义与理学是合一的，是值得学习的。那么这种节义与理学的合一，表现在哪里呢？方孝孺之后士人在节义与理学的分离方面又有什么表现呢？

当朱棣发兵南下时，他的重要谋臣姚广孝曾"以方孝孺为托"，说武成之日方孝孺必不肯降，请勿杀方孝孺，否则"天下读书种子绝矣"。② 一句"读书种子"，可知方孝孺在当时读书人心目中的地

---

① （清）黄宗羲：《明儒学案》，《师说》，中华书局，1985，第 1 页。以下引《明儒学案》均同此出处，仅注书名、篇名与页码。

② 《明史·方孝孺传》，第 4019 页。

位和影响。为什么方孝孺会被称为"读书种子"？我们从宋濂对方孝孺的评价与方孝孺自己的言论可见一斑。宋濂称赞方孝孺的学术成就说：

> 凡理学渊源之统，人物绝续之纪，盛衰几微之载，名物度数之变，无不肆言之。离析一丝，而会归于大通（"通"当为"道"——引者按）。生精敏绝伦，每粗发其端，即能逆推，而底于极。本末兼举，细大弗遗。①

可见方孝孺在理学、历史和礼仪制度上能综罗百代，至广大而尽精微。这是"读书种子"在学术上取得的成就。然而"读书种子"的精神不只如此。我们从他的志向中可以得知：

> 其大者，将宏廓敷扬其所传于世，俾人得乐生达理；其次亦将整齐周公孔子之成法，为来今准；下此犹当著一书，据所蕴蓄，补艺文之遗缺，续斯道于无极。②
>
> 仆将抱遗经，陈之达者，而施之于天下。苟未欲治斯世，著之在书，授之其人，乐之以终身。③

方孝孺之志向，首先是将终生积学推广于世，使天下得以养教遂生；其次是整理圣人之成法，著之在书，以为来世之准绳，以传诸人，以续道之统绪。可见"读书种子"的精神不仅在于读书，更

---

① 宋濂：《送希直归宁海五十四韵》，《逊志斋集·附录》，第 869 页。
② 《谢太史公书》，《逊志斋集》卷九，第 300 页。
③ 《与郑叔度八首》，《逊志斋集》卷十，第 352 页。

重要的在于学以用世,得君行道。《明史》称方孝孺"恒以明王道、致太平为己任"①,其好友王绅②也说:

> 圣贤任道之心虽一,而行道之势则不同。伊尹周公得志而见于功业,孔子孟子不得时而托于空言。其事虽殊,要其归则一也。后之学者不察其心,而离于二端。专功业者则诋立言者为空文;务立言者则谓必藉是以明道。……天台方希直……其言功业,则以伊周为准,语道德,则以孔孟为宗……实有志于圣贤者也。③

可见"读书种子"最核心的精神就是将道统与道学分离造成的功业与空言两端合二为一,做到像伊尹、周公那样"以道事君"。"读书种子"出仕是为了"行道"而非为"利禄"。他固守价值理想,以之作为参与政治社会活动的准则,"以讲明道学为己任,以振作纲常为己责,以继往绪开来学为己事,以辅君德起民瘼为己业"。④ 他凭借"道"这一超越的精神力量,批判君主违背应有的价值理想,甚至与君主对抗以推行其价值理想。⑤ 如果再结合方孝孺事

---

① 《明史·方孝孺传》,第4017页。

② 王绅事迹载于(清)沈佳《王袆华川先生忠文公》,《明儒言行录续编》卷一,台湾商务印书馆影印文渊阁《四库全书》,第458册,第1007页。

③ (明)王绅:《逊志斋集序》,《逊志斋集》,序第8页。

④ (明)王可大:《重刻正学方先生文集叙》,《逊志斋集》,序第4页。

⑤ 关于方孝孺的死,后人多有赞扬。"方先生在当时,名重行尊,故得祸最惨。然以身殉主,自其常分,而心之安也。"(《方先生小传》,《逊志斋集·附录》,第884页)但也有不少人认为是不必要的。明人王廷相说:"方逊学('学'疑为'志',原文如此——引者按)忠之过者欤?要亦自激之甚致。忘身殉国一也,从容就死不其善耶,激而至于覆宗,义固得矣,如仁孝何哉!轻重失宜,圣人岂为之。"[王廷相:《鲁两生篇》,《慎言》卷十三,载于(转下页注)

迹与《逊志斋集》所载的方孝孺其他言论来看，方孝孺是真正做到了所谓"威武不能屈，富贵不能淫，贫贱不能移"① 的大丈夫。所以"读书种子"的含义就是儒家"修己以安百姓"② 内圣而外王的理想人格。

那么"读书种子"之死给明代士人造成什么影响呢？我们先执果索因，看一下明末清初的学者是怎样看待明代士风及其演变的后果的。

李塨说：

> ……高者谈性天，撰语录；卑者疲精死于举业，不唯圣道之礼乐兵农不务，即当世之刑名钱谷，亦懵然罔识，而搦管呻吟，自矜有学。……中国嚼笔吮毫之一日，即外夷秣马厉兵之一日，卒之盗贼蜂起，大命遂倾，而天乃以二帝三王相传之天下授之塞外……③

又说：

> 宋后，二氏学兴，儒者浸淫其说，静坐内视，论性谈天，

（接上页注⑤）王廷相《王廷相集》，王孝鱼点校，中华书局，1989，第824页] 今人左东岭说："就实际情形论，方孝孺在所有殉难文臣中，是最有资格也最有可能存活下去的人物。"（左东岭：《王学与中晚明士人心态》，人民文学出版社，2000，第6页）言下之意，也认为方孝孺不必去死。但是显然这二者皆没有进入方孝孺思想世界的内部解释方孝孺的死因。

① 《孟子·滕文公下》。
② 《论语·宪问》。
③ 《恕谷后集·书明刘户部墓后》，转引自梁启超《中国近三百年学术史》，天津古籍出版社，2003，第5页。

与夫子之言，一一乖反，而至于扶危定倾大经大法，则拱手张目，授其柄于武人俗士。当明季世，朝庙无一可倚之臣。坐大司马堂批点《左传》，敌兵临城，赋诗进讲，觉建功立名，俱属琐屑，日夜喘息著书，曰此传世业也。卒至天下鱼烂河决，生民涂炭。呜呼，谁生厉阶哉！①

顾亭林说：

> 刘、石乱华，本于清谈之流祸，人人知之。孰知今日之清谈，有甚于前代者。昔之清谈谈老庄，今之清谈谈孔孟。未得其精，而已遗其粗；未究其本，而先辞其末。不习六艺之文，不考百王之典，不综当代之务，举夫子论学论政之大端一切不问，而曰"一贯"、曰"无言"。以明心见性之空言，代修己治人之实学。股肱惰而万事荒，爪牙亡而四国乱，神州荡覆，宗社丘墟。昔王衍妙善玄言，自比子贡，及为石勒所杀，将死，顾而言曰："吾曹虽不如古人，向若不祖尚浮虚，戮力以匡天下，犹可不至今日。"今之君子，得不有愧乎其言。②

上述所引代表当时学界的一种共识，即明之亡亡于士人之清谈与疏佞。我们姑且不去苛论士人清谈、疏佞与明亡的关联，暂且承认有士人清谈、疏佞这种事实。何以出现"清谈孔孟"、不谙世务的

---

① 《恕谷后集·与方灵皋书》，转引自梁启超《中国近三百年学术史》，天津古籍出版社，2003，第5页。

② （清）顾炎武著，《日知录》卷七，《夫子之言性与天道》，（清）黄汝成集释，花山文艺出版社，1990，第310页。

这种现象？我们正可从上述刘宗周评价方孝孺的言论中求得答案。刘宗周实在是有感于明末儒学道德理想与士民人伦日用的脱节，才出此言的。在刘宗周看来，正是因为明末士大夫缺少了关心人伦日用的精神，学术活动才沦丧为放荡的话语形式的，所以他才下决心纠正之。梁任公说："（蕺山——引者按）以'慎独'为入手，对于龙溪王畿、近溪罗汝芳、心斋王艮诸人所述的王学，痛加针砭，总算是舍空谈而趋实践，把王学中谈玄的成分减了好些。"①

黄宗羲亦继承了其师刘宗周的精神。其师说晚明士人"节义与理学是两事"，黄宗羲则说这种现象为"讲学而不修德"：

> 今讲学而不修德，又何怪其举一废百乎？时风愈下，兔园称儒，实老生之变相；坊人诡计，借名母以行书。谁立朝庭之中正？九品参差，大类释氏之源流；五宗水火，遂使杏坛块土为一哄之市，可哀也夫！②

所以为了针砭时弊，他们师徒都极力推崇方孝孺。刘宗周说方孝孺"扶持世教"、"不愧千秋正学"③ 而两度辑录方孝孺的文集，且自己言行一致，以死殉明，践履了自己的诺言。黄宗羲《明儒学案》将方孝孺列为卷首，认为方孝孺一生以"圣贤自任"、"持守之严，刚大之气，与紫阳相伯仲，固为有明之学祖也"。④ 由此可见，刘宗周、黄宗羲推崇方孝孺是因为其将节义与理学合而为一，以儒

---

① 梁启超：《中国近三百年学术史》，天津古籍出版社，2003，第 7~8 页。

② 《明儒学案·黄梨洲先生原序》，序第 9 页。

③ 《明儒学案·师说》，第 1 页。

④ 《明儒学案·文正方正学先生方孝孺》，第 1045 页。

家道德理想来教化、改造当时社会。

事实上，刘、黄二人揭示的正是明代士风演变的大问题。从上述所引刘、黄二人的言论可知，他们都认为明代的士风在初期是高洁的，而到了末期却是衰败卑污的。但是他们将明代的士风败落归于"讲学"活动也仅仅是看到了事情的表象而已。因为同样是对待讲学，现代学者的态度则迥然不同。著名明史专家孟森先生说："明一代士大夫风尚最可佩。考其渊源，皆由讲学而来。"①与黄宗羲相反，孟森先生将明代士大夫高尚节操形成的原因归结于明代的"讲学"活动。前后学人对明代讲学、清议的评价差距如此之大，岂不矛盾？细想二者其实并不矛盾，孟森先生所讲的士风主要是针对明代初期而讲的，是"明朝开国以来，能够重视'扶植清议，作养士气'"，即"太祖皇帝作养士气之结果"。②而明末清初学人的言论主要是针对明中晚期的士风讲的。可见"讲学"活动既可以促进士风，也可以败坏士风。士风的演变的动因显然不能从"讲学"中找。

沈德符曰："国朝士风之敝，浸淫于正统，而糜溃于成化。"③孟森先生也说："超超玄悟，一转而入于禅，自陈白沙已不免。"④按照他们的说法，至少在明代中叶，士风已经有了明显的变化，真正学以致用的儒者，已经找不到几个了。那么是什么使得明代文人

---

① 孟森：《明史讲义》，上海古籍出版社，2002，第254页。
② 商传：《〈明史讲义〉导读》，载于孟森《明史讲义》，上海古籍出版社，2002，《导读》第6、7页。
③ （明）沈德符：《万历野获编》，中华书局，1959，第541页。
④ 孟森：《明史讲义》，上海古籍出版社，2002，第254页。

在儒学的承传上，产生这样的败象，以至于"讲学"盛行而"修德"者无几了？

在这里"读书种子"之死的影响就彰显出来了。李贽说："一杀方孝孺，则后来读书者遂无种也。无种则忠义人材岂复更生乎？"[①] 于是"无种"的读书人就出现了上述明末清初学人所记述的表现。

明代大儒薛瑄也说：

> 古之为士者，既自广其学，而充其道矣。进而有为也，必以其义，而推其有于人人。至于得失之际，初无介于怀焉。后之人不然，修于己者不力，而侥幸于名位之得。得则意气横肆，以矜骇于庸人之耳目，以求遂其朵颐之利欲，而及人之实，未必有也；不得则悄然忧，爽然叹，立若无所自容。[②]

在明初绝对皇权的政治条件下，君主不允许有异于他所要求的意识形态的思想存在，更不允许存在抱有同一价值理念的阶层与之争夺控制社会的主导权。这就已经从大的方面决定了"读书种子"的悲剧必然发生。绝对皇权所能做到的就是使读书人"无种"。"读书种子"之死的震撼力量使士人们悄悄地改变了他们的生命品格和价值取向。"成仁取义之训，为世大禁。"恐怖政治所要求的在固守理想与保全生命之间选择的巨大重压，使得明代士人不能不表现出集体性的"道德失节"，在坚守理想而丧失生命与

---

① （明）李贽：《文学博士方公》，《续藏书》卷五，中华书局，1959，第87页。

② （明）薛瑄：《送王世宁归覃怀序》，《敬轩文集》卷十三，载于台湾商务印书馆影印文渊阁《四库全书》，第1243册，第244页。

保全生命而放弃理想之间，选择了后者。可见政治恐怖主义不但是对士大夫血肉之躯进行戮杀，更主要的是对他们的道德节义感和价值观进行摧毁，使他们不能承受"忠义"之重，不敢"以道事君"，不敢以理想用世。

但是明代士人再怎么甘心做一个毫无气节、热衷于利禄的专制政治工具，也不会全然忘记自己作为读书人的天然角色。他们承担着"道统续绝"的历史责任。现实政治环境使他们不能做方孝孺式的"读书种子"，难道还不能"讲学"吗？欲作"读书种子"意味着要在充满了艰难和危险的个人实践中才能完成，而"讲学"是仅靠话语就可以实现的。这是他们认为能避免承担历史责任的惟一选择，于是"讲学"盛行。但是从此"道德"与"讲学"分离了，"节义与理学"是两事了。然而，一旦"讲学"以虚伪而欺世的方式成为普遍的现象，其讲述的"道德"就没有了任何实际意义。所以晚明社会士风崇尚清谈，话语疏佞，正反映了其与黑暗政治有关的内心意向。

失去了儒家入世精神的"讲学"活动最终与佛家合流也就显得很合理了。所谓"讲学之风，至明季而极盛，亦至明季而极弊，姚江一派，自王畿传周汝登，汝登传陶望龄、陶奭龄，无不提倡禅机，恣为高论。奭龄至以'因果'立说，全失儒家之本旨"。①在明代后期士大夫中逐渐形成了一股逃禅之风，竟出现了"禅悦，明季士夫风气也"的局面。他们逃禅的方式也是多种多样的：或

---

① （清）纪昀等：《刘蕺山集提要》，载于台湾商务印书馆影印文渊阁《四库全书》，第1294册，第302页。

创寺修庙，施田立碑；或接纳高僧、谈禅说理；或披剃空山、著书立说等等。其盛况远超唐宋士大夫谈禅之习，直可与魏晋玄谈相竞。① 但是在整个社会失去价值担当者的情况下，不独士大夫自己已经无法挽救自己命运与理想，整个朝代离悲剧性的结局也为时不远了。将明代之亡，归于儒生士大夫们的袖手清谈，纵然过于绝对，却也难以否认它是一种事实。而探讨这种清谈与逃禅之风的动因，只能从绝对皇权对"读书种子"方孝孺的屠戮说起。

正是在这种意义上，笔者认为研究方孝孺事迹、思想是明代思想史乃至中国思想史必不可少的环节。研究方孝孺事迹、思想对于理解儒学及道统的学术品性和社会作用有重要意义；研究方孝孺的事迹对了解明代士风前高后鄙、士节从勇坚操守到放荡不羁的演变过程有重大意义，对了解明代知识分子与政权的关系有重要意义，对王学的形成机制和王学弊端的探析也有重要启示。

三　极端专制与一生苦心

如果说方孝孺之死是结果的话，造成方孝孺之死的动机则是刘宗周所说的方孝孺的"一生苦心"。正是由于判明其"一生苦心"的社会理想不可能实现了，方孝孺才勇于就死的。所以，解剖方孝孺的"一生苦心"的内在结构是研究方孝孺之死的必然要求。而且，方孝孺的"一生苦心"是奠定其思想地位的基础。方孝孺一生"以明王道、致太平为己任"，终生致力于把自

---

① 陈垣：《士大夫之禅悦及出家第十》，载于《明季滇黔佛教考》卷三，河北教育出版社，2000，第333~357页。

己的学问与理想推向社会。他积极探索、勇于创新、力图实用的精神使得他的"一生苦心"有了承前启后的理论地位。萧公权说："其（指方孝孺——引者按）政治思想则不乏创新之特见，足为明初巨擘。"①

方孝孺的苦心本于孔孟之原始儒家，旨在纠正明初的政治弊端。朱元璋以草根阶层的身份造反成功，缔造了明王朝。出于一姓"家天下"的极端私心，朱元璋将中国专制政体推上了巅峰。为消除权臣对君主的潜在威胁，他永久性地废止了宰相制度，改变了千年以来的政治格局。为稳固这一大决策，他从意识形态上做了巨大的调整，试图改变孔子的祭祀制度，把已经升为经书的《孟子》硬性改作《孟子节文》，删除其中不利于极端专制的八十五章内容。为使明政权中各级官吏不扰及民本，朱元璋因自己在元末的悲惨生活经历，极端严酷近乎不正常地治吏，使全国之官吏处于恐怖政治中。作为创业垂统之君，他的最大政治任务是使明王朝从"马上得天下"转为"马下治天下"，即完成从武装开辟到文官守成的过渡。为防止明王朝短命，朱元璋将与自己共同打天下的元臣勋将诛杀殆尽，建立起不同于地方行政系统的备用皇族行政系统。如此种种使得社会政治现状与儒家社会理想有了诸多抵牾之处。

方孝孺生于元末，活跃于明初。他亲身经历了"天下糜烂"的动乱时代，更是朱元璋酷政的直接受害者，对明初的政策有深切的感受。加之方孝孺禀天赋英姿，师出名门，有纯正的儒学素

---

① 萧公权：《中国现代学术经典·萧公权卷》，河北教育出版社，1999，第445页。

养和为天下人瞩望的儒林领袖地位，这些都成为方孝孺的"苦心"颇有创新之处的有利条件。从外在环境上讲，也正是见到了汉、唐、宋思想家所没有见到的极端君主专制的事实，方孝孺才能对君主专制的弊端有了长于他人的清醒的认识、独到的分析和较为完整实用的解决方案。所以笔者以为方孝孺是以儒家理论分析和纠正极端君主专制的第一人。

从方孝孺"苦心"的内容上看，他以制度理论建设为基点。为纠正朱元璋无原则的严刑酷法，方孝孺将儒家的仁政精神蕴于立法之中，提出"圣人之法"以纠正之；方孝孺抓住朱元璋以《周礼》为根据废除宰相制度的做法，考订《周礼》，力图从理论上证明朱元璋的废相做法是错误的。方孝孺从朱元璋的施政方略中得出了这样一个观念：帝王以一姓之大私，为天下之大公。为纠正君王之大私，方孝孺秉承孟荀以降的儒家君主观念，系统地研究明初的君主现象，提出了既有时代意义又有超时代理论意义的设君之道与为君之道，以为设君为公，权力应该为公众服务，君主为君之义不在于本身具有的专制权力，而在于养民。

面对现实中残暴的君主专制政治，方孝孺更是从制度入手，设计出一套限制君主私心残暴的方案。他从天命的角度看待革命，承认小民有革命的力量，但是否认小民有革命的权利。然而，方孝孺在严格限定小民革命条件的同时，也给君主限定了条件：小民不能反对的只是那些"正统"之君，而对于那些"变统"之君，反抗他们是符合道义的。在回收小民革命权的同时，他又变相地将其放还给小民，以之作为反对不道义之君的理论武器。方孝孺还看到了专制政府是君主私意的延伸，无法出于公意解决民众的养教问题，故又于政治力量之外寻找解决民生问题之道。方孝孺找到的方案就是士民以合作的方式自负养教任务。

方孝孺的"苦心"超越宋、唐、两汉的思想家而直承孔孟，以内圣必然外王的儒家真精神推行自己的理念。他持守极严，愿力极宏，为实现人生理想置生死安危于度外。当理想不能实现时，他坚定地为自己的信念而死。

历史总是在重复中前进。方孝孺时代类似的历史政治环境又出现在了明末清初。明亡之后，明代遗老们反过来研究明亡之教训时，他们的研究成果与方孝孺对明初政治弊端的分析相当地一致，以为明亡于道德理想的丧失和极端的君主专制。以黄宗羲为例，在其著名的《明夷待访录》中，黄宗羲之设君思想，及君臣、君民关系，立法、置相之设计，与方孝孺的相关理论有太多共通之处。除各自遭遇的时代社会环境相似外，或许他们在思想上确实有某些可以证实的亲缘关系。

是开本书之端。

第一章
方孝孺之死的思想史意蕴

第一节　殉难之因

一　殉难过程

方孝孺殉难是古往今来儒家知识分子"成仁取义"所遭受到的最大的灾难，"古今成仁之祸烈未如此也"①。这一灾难成为方孝孺之后儒家知识分子永恒的话题，蕴含着丰富的思想史资源。朱棣戮杀方孝孺及其家族后，为消除方孝孺在士人中的影响，也为了掩盖自己的恶行，下令"藏方孝孺文者罪至死"②，将方孝孺殉难事件上升为政治忌讳，不许议论、传播。在朱棣之后，政治环境稍为宽松。史家多以曲笔记述方孝孺事件，记述中也存在众多谬误之处。我们需考证史家曲笔与错误之处，才能再现方孝孺殉难的事实与原因。在明代各种史料中，《明史纪事本末》的记载最为详细。我们以它为

---

① （清）沈佳：《方孝孺正学先生忠烈公》，《明儒言行录续编》卷一，载于台湾商务印书馆影印文渊阁《四库全书》，第458册，第1002页。
② 《明史·方孝孺传》，第4020页。

主，参考其他史料来重现当时的事实。《本末》云：

> 文皇发北平，僧道衍送之郊，跪而密启曰："臣有所托。"
> 上曰："何为？"衍曰："南有方孝孺者，素有学行，武成之日，
> 必不降附，请勿杀之，杀之则天下'读书种子'绝矣。"文皇
> 首肯之。及师次金川门，大内火，建文帝逊去，即召用方孝孺，
> 不肯屈，逼之。方孝孺衰绖号恸阙下，为镇抚伍云等执以献。[①]
> 成祖待以不死，不屈，系之狱，使其徒廖镛、廖铭说之。叱曰：
> "小子从予几年所矣，犹不知义之是非！"[②]成祖欲草诏，皆举方
> 孝孺[③]，乃召出狱，斩衰入见，悲恸彻殿陛。文皇谕曰："我法
> 周公辅成王耳！"方孝孺曰："成王安在？"文皇曰："渠自焚
> 死。"方孝孺曰："何不立成王之子？"文皇曰："国赖长君。"
> 方孝孺曰："何不立成王之弟？"文皇降榻劳曰："此朕家事耳！
> 先生毋自苦。"左右授笔札，又曰："诏天下，非先生不可。"
> 方孝孺大批数字[④]，掷笔于地，且哭且骂曰："死即死耳，诏不
> 可草。"文皇大声曰："汝安能遽死。即死，独不顾九族乎？"
> 方孝孺曰："便十族奈何！"声愈厉。文皇大怒，令以刀抉其口

---

① 《方正学先生年谱》此处还有一句："一日遣人谕再三，终不从。"

② 《方正学先生年谱》为："汝读几年书？还不识个'是'字，我头可断，笔不
可执也。"

③ 《古今说海》以为荐者为姚广孝，参见（明）陆辑编《翰林侍讲方公》，《古今
说海》卷一百三十九，载于台湾商务印书馆影印文渊阁《四库全书》，第886
册，第148~149页。

④ 《方正学先生年谱》载方孝孺所书之字为"建文五年，永乐篡位"。《御批历代
通鉴辑览》载为"燕贼篡位"。参见《御批历代通鉴辑览》卷一百一十一，载
于台湾商务印书馆影印文渊阁《四库全书》，第339册，第250页。

两旁至两耳①，复锢之狱，大收其朋友门生。每收一人，辄示方孝孺，方孝孺不一顾，乃尽杀之，然后出方孝孺，磔之聚宝门外。方孝孺慷慨就戮，为绝命词曰：

天降乱离兮孰知其由？

三纲易位兮四维不修。

骨肉相残兮至亲为仇，

奸臣得计兮谋国用猷。

忠臣发愤兮血泪交流，

经此殉君兮抑又何求？

呜呼哀哉兮庶不我尤！②

又见樵夫携斧斫松，口占一律云：

樵夫携斧入山巅，

斫倒苍龙撼九天。

老骨劈开鳞剥落，

赤心剖出血腥鲜。

精魂化作三更火，

正气翻成半壁烟。

---

① 《曝书亭集》载有断其舌之说。参见（清）朱彝尊《逊志斋文钞序》，《曝书亭集》卷三十六，载于台湾商务印书馆影印文渊阁《四库全书》，第1318册，第65页。

② 《明史纪事本末》少了绝命词的第二、三句："三纲易位兮四维不修，骨肉相残兮至亲为仇。"今从宋端仪《立斋闲录》改。参见（明）方孝孺等：《缑城正气集》，张常明编注，上海古籍出版社，2003，第3页。

只恐鹤归无立处，

长空依旧月娟娟。①

时年四十六。复诏收其妻郑氏，妻与诸子皆先经死。悉燔削方氏墓。初，籍十族，每逮至，辄以示方孝孺，方孝孺执不从，乃及母族林彦清、妻族郑原吉等。②九族既戮，亦皆不从，乃及朋友门生廖镛、林嘉猷等为一族，并坐。然后诏磔于市。③坐死者八百七十三人，谪戍绝徼死者不可胜计。方孝孺季弟方孝友就戮时，方孝孺目之，泪下。孝友口占一诗曰：

阿兄何必泪滂滂，

取义成仁在此间。

华表柱头千载后，

旅魂依旧到家山。

士论壮之，以为不愧方孝孺之弟。方孝孺又有二女，年俱未笄，被逮过淮，相与连袂投桥水死。④

方孝孺殉难过程明了后，让我们再看史家曲笔隐去的是什么内容。其一，方孝孺叱责学生的话。谷应泰记为："小子从予几年所矣，犹不知义之是非！"《方正学先生年谱》则记为："汝读几年书？还不识个'是'字，我头可断，笔不可执也。"因《年谱》成书于明末，而《明史纪事本末》成书于清前期，《年谱》早于《明史纪

---

① 《明史纪事本末》无此诗，今从《方正学先生年谱》添加。

② 《方正学先生年谱》载"行刑于门外，凡七日"。

③ 《方正学先生年谱》载"刑后，命有市先生肉者，赐以金"。

④ （清）谷应泰：《明史纪事本末》，中华书局，1977，第291～292页。以下引该书，均同此出处，仅注书名与页码。

事本末》。且《年谱》所载此一句为明人文集广泛引用，而《明史纪事本末》一句为仅见，当信《年谱》所载为事实。其二，《明史纪事本末》所载"方孝孺大批数字"为何字？《方正学先生年谱》载为"建文五年，永乐篡位"。《御批历代通鉴辑览》载为"燕贼篡位"，《年谱》既用建文年号，又用永乐年号，即是矛盾。彼时朱棣尚未登基，何来年号？必是《年谱》作者为避明代政治忌讳而曲笔为之。《御批历代通鉴辑览》成书于清代，已脱离明代政治干系，故可直笔无讳。"燕贼篡位"当为事实。其三，《明史纪事本末》在方孝孺的绝命词中隐去了"三纲易位兮四维不修，骨肉相残兮至亲为仇"两句和整首的绝命诗："樵夫携斧入山巅，斫倒苍龙撼九天。老骨劈开鳞剥落，赤心剖出血腥鲜。精魂化作三更火，正气翻成半壁烟。只恐鹤归无立处，长空依旧月娟娟。"这两处史料在专制社会都是必须隐去的。前者批判已经成为事实君主的朱棣为臣时不守三纲，不懂礼、义、廉、耻，无丝毫仁孝之心。在以皇权为首的专制社会，如此痛骂皇帝，恐是天大的忌讳，故历来史家皆曲笔隐去。绝命诗则生动、形象地描述残暴帝王对天理与正义的摧残，无疑是揭发帝王的丑恶之处，亦是大忌讳。但是从另一方面推知，正是这些忌讳的存在，反而证实这些史料是真实的。另外史家还隐去了朱棣极端残暴的罪恶行径，如"刑后，命有市先生肉者，赐以金"等。从史家曲笔的内容看，"识个'是'字"、"燕贼篡位"，还有"三纲易位兮四维不修，骨肉相残兮至亲为仇"，都表明方孝孺是在坚持一种原则。不放弃这种原则导致了方孝孺殉难。故方孝孺之死是"死守善道"[1] 而已。

---

[1]　《论语·泰伯》。

二 特立的殉难之因

方孝孺殉难的真实原因，可以从与其他"壬午殉难"者的对比中求得。士大夫殉难在"靖难"中并不是只方孝孺一个个体现象，而是一个群体现象。

> 方孝孺死，浙东之仕于朝者，以身殉建文君独多于天下，故夫行有劝而德有风。①
>
> 建文诸臣，三千同周武之心，五百尽田横之客，蹈死如归，奋臂不顾者，盖亦有所致此也。②

郎瑛《七修类稿》记载了明成祖旨在打击建文帝原有政治势力的"奸人榜"，榜上人数达 124 人。③ 然参照该榜，细考"壬午殉难"方孝孺与方党诸公死难过程，可以发现方孝孺及方党与其他"靖难"中死难诸公的殉难最大不同之处在于，其他殉难诸公皆死于反对、打击燕王的政治斗争，而方孝孺除此之外，尚有重要原因。胜者戮杀败者是专制朝代政治斗争的常例。以《明史》所载殉难诸公传记为例，燕王起兵，以齐泰、黄子澄为鹄的，齐、黄二人兵败而死，其死于政治斗争亦是得其所。同殉难而著名者，如练子宁，《明史》载：

---

① （清）沈佳：《方孝孺正学先生忠烈公》，《明儒言行录续编》卷一，载于台湾商务印书馆影印文渊阁《四库全书》，第 458 册，第 1002 页。

② 《明史纪事本末》，第 308 页。

③ （明）郎瑛：《建文忠臣》，载于《七修类稿》卷十，世纪出版集团、上海书店出版社，2001，第 101~103 页。

燕王即位，缚子宁至。语不逊，磔其家，姻戚俱戍边。子宁从子大亨，官嘉定知县，闻变，同妻沉刘家河死。里人徐子权以进士为刑部主事，闻子宁死，恸哭赋诗自经。[①]

练子宁死，止于家族及裙带关系，未闻有学生与焉。再如燕王所称"国家养士三十年，惟得一卓敬"的户部侍郎卓敬，建文中建言颇中燕王要害。燕王即位，被执。燕王怜才不欲杀之，姚广孝与卓敬有隙，进曰"'敬言诚见用，上宁有今日？'乃斩之，诛其三族"。[②]亦未闻有殉于"道"者。

然方孝孺在靖难中实未与军国重事[③]，非同于上述建文朝军政重臣，非燕王所必杀者。且前有姚广孝的托言，后有燕王又藉以草诏以欺天下，如果方孝孺稍稍示从，在建文诸臣中必是最有资格活下来的。诚如四库馆臣所言：

> 燕王篡立之初，齐黄诸人为所切齿，即委蛇求活，亦势不能存。若方孝孺则深欲藉其声名，俾草诏以欺天下。使稍稍迁就，未必不接迹三杨，而致命成仁，遂湛十族而不悔。[④]

外在条件可活之，其却勇于就死，必是心中所守重于死者。然更奇特者，方孝孺殉难周围聚积着一批士林中有学行声望的殉难者。

---

① 《明史·练子宁传》，第 4022 页。

② 《明史·卓敬传》，第 4024 页。

③ 《文正方正学先生方孝孺》："况先生未尝当国，惠宗徒以经史见契耳。"参见《明儒学案》，第 1045 页。

④ （清）纪昀等：《逊志斋集提要》，载于《逊志斋集》卷首，载于台湾商务印书馆影印文渊阁《四库全书》，第 1235 册，第 45 页。

"其门下士以身殉者，卢原质、郑公质、林嘉猷，皆宁海人"。① 《明史》载几人皆素有学行者。更可奇者，刘政本不在方党内，仅为方孝孺主应天乡试时所取之士。其闻方孝孺死，亦悲愤而死："燕兵起，（刘政——引者按）草平燕策，将上之，以病为家人所沮。及闻方孝孺死，遂呕血卒。"② 还有更多的人：

> 诸司表贺成祖登极，（方法——引者按）当署名，不肯，投笔出。被逮，次望江，瞻拜乡里曰："得望我先人庐舍足矣。"自沉于江。

> 成祖既杀方孝孺，以草诏属侍读楼琏。琏，金华人，尝从宋濂学，（为方孝孺宋门同学——引者按）承命不敢辞。归语妻子曰："我固其死，正恐累汝辈耳。"其夕，遂自经。③

> （林佑——引者按）与希直交莫逆。后进春坊大学士，命辅导皇太孙。以事谪中都教授，寻挂冠归。闻希直族诛，为位哭于家。永乐戊子，岛夷讧海上。台被其毒，监司闻佑才，请为同里计，不得辞。勉起视兵，督郡子弟平之。上以此知佑，遣使召，不赴。令武士械至京师。犹冀加录用，对云："罪人逃死已久，藉令可仕，当与方孝孺同朝矣。"上大怒，命曳出剐之。④

再如《逊志斋集》的保全："永乐中，藏方孝孺文者罪至死。门

---

① 《明史·方孝孺传》，第 4020～4021 页。
② 《明史·方孝孺传》，第 4021 页。
③ 《明史·方孝孺传》，第 4021 页。
④ （清）沈佳：《方孝孺正学先生忠烈公》，《明儒言行录续编》卷一，载于台湾商务印书馆影印文渊阁《四库全书》，第 458 册，第 1004 页。

人王稌潜录为《侯城集》。故后得行于世。"① 王稌亦是为保全是集而置生死于度外。且方孝孺殉难后，士大夫为方孝孺平反之呼声贯穿于整个明代，可谓络绎不绝。② 终明代，整理与方孝孺有关史料之作多达数十种。南明之时，更有士大夫谒方公祠然后死难者。③

由此可知，方党在"壬午殉难"的群体中是极为特殊的一个群体。这个群体是以儒家思想为纽带的。就方孝孺自己来说，只有在儒学上有极高的境界、在思想界有极大的影响，才能有如此之感召力，聚集这么多同气相求之人，也才能让后人为之发平反之声不断。也正因为如此，朱棣才说"诏天下，非先生不可"，方孝孺不起草诏书，才被朱棣处以如此"高规格"的血腥屠戮。屠戮中以门生为一族及焚毁其书，非方孝孺所激致，而是朱棣精心策划之动作，旨在消除方孝孺的影响。永乐二年，成祖谕诸臣曰："除恶不可不尽，悉毁所著书最是。"④

所以笔者认为，方孝孺虽死于惨酷的"靖难"政治斗争，但其死因不可仅从政治斗争中求得。从史料记载的殉难过程与殉难原因来看，特别是从方孝孺自己的绝命词与诗来看，方孝孺之死

---

① 《明史·方孝孺传》，第 4020 页。

② 《明史·仁宗诚孝皇后张氏传》载杨士奇言："……谓太宗诏有收方孝孺诸臣遗书者死，宜弛其禁。"第 3513 页。另参见（明）李贽《文学博士方公》，载于《续藏书》卷五，中华书局，1959，第 87 页。

③ 《明史·吴嘉胤传》："嘉胤，字绳如，松江华亭人。由乡举历官户部主事。奉使出都，闻变，还谒方孝孺祠，投缳死。"第 7048 页。

④ （明）徐纮编《明名臣琬琰续录》，《少师杨公传》卷一，载于台湾商务印书馆影印文渊阁《四库全书》，第 453 册，第 284 页。

似乎是殉君，但笔者以为这仅是表象。方孝孺之死于建文帝与死于所持的儒家原则，虽结果相同，原因也近似，但其实相当不同。因为前者仅是一般性的殉于君王，后者则是为道德理想而死，虽然这道德理想内含着忠君思想。所以方孝孺死于他认为自己已经"得君"，即将"行道"。朱棣的篡位使得方孝孺实现儒家理想的愿望破灭，所以他才悲壮地殉道。至此，笔者认为方孝孺的真正死因是其学行与思想。

第二节　解读方孝孺之死

一　"是"字的含义

准确地分析出其殉难的原因，我们才能准确地理解方孝孺的殉难行为。在上一节的分析中，笔者认为方孝孺殉难是由于学行与思想。那么他的学行与思想到底有哪些内容呢？这还需要我们下一番功夫。《方正学先生年谱》载，当朱棣让方孝孺门生廖镛、廖铭劝谕方孝孺投降时，方孝孺叱言曰："汝读几年书，还不识个'是'字！"① 显然这个"是"字是方孝孺自己所坚守的，它直接决定了他的生死，值得去关注。这个"是"字的含义是什么？

笔者以为这个"是"字绝不是谷应泰那样简单地把它理解为"义之是非"。② 它的含义必须将其与上自孔孟下溯程朱的相关言论联系起来，才能解释得圆融。子曰：

---

① 《方正学先生年谱》。
② 《明史纪事本末》，第291页。

　　志士仁人，无求生以害仁，有杀身以成仁。①

　　君子无终食之间违仁，造次必于是，颠沛必于是。②

　　孔子将"仁"提升为人类的行为准则和修行目标，即《中庸》所说的"仁者，人也"；要求士能超越个体的自然需求，以"仁"、"道"为终极关怀，特别是当生命与"仁"发生矛盾时，人也应该固守这种价值理想不放弃，做到"杀身成仁"。

　　此问题经孟子系统地论证而发展为"正气论"，成为儒家人格修养最有号召力的口号之一，也是儒士们千百年来讨论的基本命题之一。孟子曰：

　　生亦我所欲也，义亦我所欲也，两者不可得兼，舍生而取义者也。③

　　我善养吾浩然之气。……其为气也，至大至刚，以直养而无害，则塞于天地之间，其为气也，配义与道。④

　　孟子将孔子的"成仁"相应地强调成为"取义"。他对这一命题最大的贡献就是为"成仁"、"取义"发展出一套"养气"的修养方法。他把"仁道"转化成"义气"，再增加"养气"的践履方法，以保证当仁义与生存需求发生尖锐冲突时，确保"成仁取义"。在孔、孟等几代儒学大师的努力下，"成仁"、"取义"发展成为强有力的口

----

① 《论语·卫灵公》。

② 《论语·里仁》。

③ 《孟子·告子上》。

④ 《孟子·公孙丑上》。

号，"朝闻道，夕死可矣"①、"天下无道，以身殉道"②，形成了"孔仁孟义"的儒家气节论评价体系。"成仁取义"的理想人格就是孟子所说的"大丈夫"："居天下之广居，立天下之正位，行天下之大道。得志，与民由之；不得志，独行其道。富贵不能淫，贫贱不能移，威武不能屈"。③ 从此以后有无气节及气节高下就成为中国传统知识分子评价人物的一个恒久尺度，也是知识分子强烈追求的一个人生目标。

在两宋时期，"孔仁孟义"的气节论经程朱理学家的诠释而转化成"成就一个'是'"的提法。程颐说：

> 实理者实见得是，实见得非。……得之于心，是谓有德，不待勉强。然学者则须勉强，古人有损躯殒命者，若不实见得，则乌能如此，须是实见得生不重于义，生不安于死也。故有杀身成仁者，只是"成就一个是"而已。④

程颐从理学的立场出发，将"取义成仁"的"义"、"仁"转化为"实理"。他没有像孟子那样将"取义成仁"的目标与修养方法分开，然后再强调达到"取义成仁"的修为方法，而是强调"义"、"仁""实理得之于心自别"，将孟子强调的修身方法强调成是一种认识上的差距，以为如果"实见得生不重于义，生不安于死"，就会

---

① 《论语·里仁》。
② 《孟子·尽心上》。
③ 《孟子·滕文公下》。
④ （宋）朱熹编《二程遗书》卷十五，载于台湾商务印书馆影印文渊阁《四库全书》，第698册，第116页。

"有杀身成仁者"。他以这"实理"为"是",说杀身成仁是"成就一个是"。他虽然说"得之于心,是谓有德,不待勉强",但在"取义成仁"上,主张学者"须勉强",认定学者在守卫"取义成仁"的价值上有特殊的责任。

程颐"成就一个是"的提法为朱子所秉承。朱熹说:

> 困厄有轻重,力量有小大,若能一日十二辰检点自己念虑动作都是合宜,仰不愧,俯不怍,如此而不幸,填沟壑丧躯殒命,有不暇恤,只得"成就一个是"。处如此,则方寸之间全是天理,虽遇大困厄,有致命遂志而已。①

朱子以"合理之宜"为人的生存方式,认为人当于每日每时检点是否合理,这是人生最主要的原则,人生在于行"理",在行"理"中如不幸"丧躯殒命",则是"致命遂命","成就一个是"而已。他举比干的例子说:"无求生以害仁,有杀身以成仁,炳以为理当死而求生,是悖理以偷生,失其心之德也,故曰害仁。理当死而不顾其身,是舍生而取义,全其心之德也,故足以成仁。若比干谏而死,夫子称其仁,所谓杀身以成仁也,虽死不顾。只是'成就一个是'而已。使比干当谏不谏,而苟免于难,则求生以害仁矣。"②

程颐、朱子将"孔仁孟义"发展成为"实理",将"成仁取义"称为"成就一个是"。"实理"能则自别是非,实理不仅成为

---

①　(宋)黎靖德编《朱子语类》卷十三,王星贤点校,中华书局,1994,第241页。

②　(宋)朱熹:《答刘韬仲》,载于《朱熹续集》卷九,郭齐、尹波点校,四川教育出版社,1996,第5293页。

人生行为的伦理指南，更重要的是使人意志坚定，拥有一种坚忍不拔的精神力量。故"实理"要求人在抉择生死时，当炳之以理，丧身殒命也在所不惜。综此，笔者以为，在宋明时期，"成就一个是"这一提法的内涵实际上就是孔孟的"成仁取义"。也就是说，"是"的内涵就是"成仁取义"。

方孝孺生活在明初程朱理学复兴时期，其程朱理学的成就既本于家学，又是个人努力的结果。除了其师宋濂赞扬过其理学成就外，明代写过《伊洛渊源续录》的学者谢铎也说：

> 我台之学，考亭是师。
>
> 迨于愚庵，实闻而知。
>
> 愚庵之子，是曰正学。
>
> 益扩而充，上沂伊洛。
>
> 如麟在薮，如星在晨。
>
> 旁观一世，绝世离伦。①

谢铎对方孝孺父子推崇备至，将其列为此一时期朱子学派的发扬光大者。方孝孺宗程朱理学，也可以从他自己的言论得到证实。他称朱子之学是"圣贤之学"②，学道必须以宋学为师，他说："人不知学则已，为学不以宋之君子为师，而欲达诸古，犹面山而趋，而欲适乎海也。"③由此可知，方孝孺尊崇程朱理学则无疑。

---

① （明）廖道南：《直文渊阁侍读学士改文学博士方孝孺》，《殿阁词林记》卷六，载于台湾商务印书馆影印文渊阁《四库全书》，第 452 册，第 249 页。

② 《习庵说》，《逊志斋集》卷七，第 252 页。

③ 《赠卢信道序》，《逊志斋集》卷十四，第 524 页。

了解了上述学术史信息后，我们再回顾方孝孺叱责门生的话，"汝读书几年，还不识个'是'字"时，就可以理解方孝孺的心态了。方孝孺在这里除了斥责门生不能坚持正义立场而为虎作伥外，更表示他所讲的"不识一个'是'字"的"是"字就是"成仁取义"的意思。这表明方孝孺已经坚定了"是"的决心，在内心中完成了关于生死的抉择，决定"取义成仁"了。

史实也能辅证我们这一结论。燕兵破城之日，宫中起火，建文帝不知所踪。方孝孺没有附降，也没有逃走，而是杖衰哭于阙下，为燕兵所获，投入狱中。燕王再三遣人劝谕降燕，他皆面折之。面对燕王，他大书"燕贼篡位"，痛骂朱棣，拒绝草诏。燕王以杀其亲族折服之亦不获。他这一系列行为，方寸不乱，可见其心中已有预先的决定。方孝孺曾说：

> 古之仁人义士，视刀锯如饮食，恬然就之而不辞者，其好恶宁独异于人哉？见义明而虑道远，如是而死则安；如是而生则辱；如是而富贵则足耻，如是而贫贱则可乐。故而取舍之际，断乎其不苟也。①

以此推之，我们可知方孝孺所作之决定是素有考虑的，非一时冲动，是其学行、修养必然的结果——"致命遂志"而已。他说过，"有志者行事，当洞达如日月，所持既定，以此而始，以此而终……忧喜祸福付之于天，何必较哉"②。所言恰如他自己人生的写照。他

---

① 《云敞赞》，《逊志斋集》卷十九，第685页。
② 《答愈敬德二首》，《逊志斋集》卷十一，第401页。

确实以实际行动实践了自己的言论，用生命验证了自己的信念，成为封建社会士君子在富贵、贫贱①、威武面前不改其志的完人。刘宗周说："既而时命不偶，遂以九死'成就一个是'，完天下万世之责。其扶持世教，信乎不愧千秋正学者也。"② 黄淳耀说："我朝方正学是何等骨力，何等学术，真圣人之徒也。……程正叔朱元晦处建文时不过如方正学耳。"③ 他们将方孝孺之殉难与儒家一以贯之的学统联系起来，可谓深知方孝孺者。

二 "正学"气象

方孝孺殉难非只是殉于君，更多的成分是殉于"志"。因而方孝孺殉难与其自身具有的学行素养、体认的理想信念以及已达到的儒学境界有极大的关系。所以我们必须梳理一下方孝孺修身的过程及其理想信念与境界，才能完整地展现出其殉难的内在逻辑。

方孝孺的一生是极为引人注目的一生。《明史·方孝孺传》载方孝孺从小就与众不同，显示出学习上的天赋。乡人称之为"小韩子"；明太祖朱元璋称之为"壮士"；方孝孺执教汉中，蜀献王尊称其为"正学"。④《方正学先生年谱》还载朱元璋称其为"异才"。

---

① 本节主要分析方孝孺面对威武时不改其志的表现。方孝孺于富贵时不改其志由其佐建文帝复古政改可知。方孝孺于贫贱中还保持乐观豁达而力学古不减。《明史·方孝孺传》："尝卧病，绝粮。家人以告，笑曰：'古人三旬九食，贫岂独我哉？'"颇有居陋巷而不改其乐的精神。

② 《明儒学案·师说》，第 1 页。

③ （明）黄淳耀：《陶奄自监录二》，《陶庵全集》卷二十，载于台湾商务印书馆影印文渊阁《四库全书》，第 1297 册，第 859 页。

④ 《明史·方孝孺传》，第 4017～4018 页。

《明儒学案》称方孝孺为"千秋正学者"、"程朱复出"、"有明之学祖"、"千载一人"。其师宋濂称其为"孤凤凰"。南明时期谥方孝孺"文正",清乾隆四十一年改谥为"忠文"。在方孝孺获得的所有尊称中,为后人广为熟知,也最具有代表性的,是"靖难"时期朱棣最重要的谋士姚广孝所言的"天下读书种子"。姚广孝对燕王说:"城下之日,彼(指方孝孺——引者按)必不降,幸勿杀之。杀方孝孺,天下'读书种子'绝矣。"①

综观众人对方孝孺的尊称,方知姚广孝所说的"天下读书种子",绝不是信口开河之言,而是站在文化立场上说的老实话。"天下读书种子"这一称号,堪称方孝孺一生之总结。笔者以为"读书种子"这四个字绝非单指读书做学问,而是有着丰富含义的。首先,"读书种子"有道统传承的意义。儒家在当世传承的历史任务主要靠"读书种子"来实现。其次,他是儒家文化真精神在当世的代表,是儒家价值理想在当世的主要担当者,亦是儒家政治社会理想的主要推动者。再次,他还是当世儒家士君子的理想形象、儒家精英文化的代表,是当时知识分子问学修身追求的形象,是知识分子精神的核心和思想的尺度。故有无"读书种子"对道统的传承、社会文化的兴衰和读书人的思想认同感至关重要。且"读书种子"为士林的精神领袖,故"读书种子"与政权之关系,代表着一个时代的文人士大夫与政权的关系。所以"读书种子"之死才成为一个时代关系文人整体命运的重大历史事件,也是儒家政治理想在当世遭遇的主要表现。由此可见,姚广孝以"读书种子"指称方孝孺,当是对方

---

① 《明史·方孝孺传》,第4019页。

孝孺儒学境界的最高肯定。

为什么"读书种子"的光环会落在方孝孺身上？当从方孝孺的儒学修养明之。修养首在立志。志向决定其思想成就。方孝孺的志向是他思想体系的根基，其思想体系的各个部分又是其志向的生发。他的志向也是其与社会政治现实矛盾的根源，是方孝孺悲剧发生的内在必然因素。方孝孺在幼年时期已经表现出其志向的端倪了。方孝孺自述其志向发展过程说：

> 某六七岁时，初入学读书，见书册中载圣贤名字，或圣贤良相将形貌，即有愿学之心。每窃寸纸，署其名，与同辈诸学子顾视而指麾之。父兄虽加呵禁，不止也。既而年十岁余，渐省事，见当今之为仕宦者不足道，以为圣贤之学可以自立，外至者不足为吾轻重也。遂有慕乎"道德"之心。又四五年，侍先人北游济上，历邹鲁之故墟，览周公孔子庙宅，求七十子之遗迹，问陋巷舞雩所在。潜心静虑，验其所得。慨叹以为彼七十子者，纵颜闵未可几及，其余若樊迟冉求辈，使学之同时，岂皆让之乎！但今世无圣人出，不得所依归，故不若尔。……故不自放于俗，每兴伤今崇古之思，积之既多，发为言语。道政事，必曰伊尹周公；论道德，必曰孔孟颜闵。寝而思者，此数君子也；坐而诵者，此数君子。用心一入乎此，犹恐流于过高，如古狂人，而不适于用。是以深自制抑，若中无丝毫学者。①

方孝孺幼年时就已与普通人不同，年六七岁即有愿学之志向。

---

① 《答俞敬德二首》，《逊志斋集》卷十一，第400页。

但当时其志向尚肤浅杂驳，向往之人既有学统上之圣贤，又有达官贵人。其年至十余岁则摈弃了外在的事功仕宦者——"今之仕宦者不足道也"、"外至者不足为吾轻重"，纯立于"圣贤之学"、"道德之心"，志在孔孟之道的规模已具雏形。其年十五六，因随侍父守济宁，有了坚定志向的最重要的一次游历。他"历刍鲁之故墟，览周公孔子庙宅，求七十子之遗迹，问陋巷舞雩所在"，亲身游历，亲眼所见先圣先贤先儒之读书问道环境，遂自信于儒学可达于七十子之境界。则方孝孺所愿学在伊周孔孟之道笃矣——"道政事，必曰伊尹周公，论道德，必曰孔孟颜闵"。此时的方孝孺志向已经确定，他把复兴孔孟之道作为自己终生的事业来看待了。他说：

> 此四君子（周孔颜孟——引者按），其性与吾同，其形与吾同，其能四耳而三目，六五常而二其心邪？而吾心之所具者，亦未尝缺其一也，彼何独可为圣贤，而吾何独不可为载？是有故也。周公人臣也，思兼三王之所为。孔颜闵孟皆匹夫民，而或自比文王，或谓舜可得而及，或羞比伯夷伊尹，其所志如此，其自视其何如哉！①

> 周公孔子与吾同也，可取而师也；颜子孟子与吾同也，可取而友也。②

> 欲以伊尹周公自望，以辅明王、树勋业自期，视管萧以下蔑如也。③

---

① 《尚志斋记》，《逊志斋集》卷十七，第610页。
② 《尚志斋记》，《逊志斋集》卷十七，第610页。
③ 《茹荼斋记》，《逊志斋集》卷十五，第556页。

方孝孺力复周孔之道，志向可谓高远矣。他实现志向的过程就是视自己为当世的伊尹、周公，愿以周孔之道用世。借刘宗周对方孝孺的评价说，就是"禀绝世之资，慨然以斯文自任，……深维上天所以生我之意，与古圣贤之所讲求，直欲排洪荒而开二帝，去杂霸而见三王，又推其余以淑来世，伊周孔孟合为一人，将旦暮遇之，此非学而有以见性分之大全者不能也"。①

志向高远，如无切实笃密的践履方法，则志向仅为空言，无实际之意义，也不可能得到士人广泛的认可。为此方孝孺制定出一套切实可行的修身践履的方法。从大的方面说，方孝孺认为学为圣贤首在"尊经"。他说：

> 盖圣人之大者，上莫过于尧、舜、禹、汤、文、武，下莫加于周公、孔子，而此八圣人之言行文章，具在六经。故后之学圣人者舍六经无以为也。②

> 圣人之言不可及，上足以发天地之心，次足以道性命之源，陈治乱之理，而可法于天下后世，垂之愈久而无弊，是故谓之经。③

在方孝孺看来，"经"是圣人"思己之身不能常存，以淑来世，故载其所言所行者，使人取法"④ 的工具，是后世士大夫学圣人修身、治人、明道的主要途径。它不是圣人的私言，而是自然、社会

---

① 《明儒学案·师说》，第 1 页。

② 《答俞子严二首》，《逊志斋集》卷十一，第 404 页。

③ 《与郭士渊论文》，《逊志斋集》卷十一，第 417 页。

④ 《赠金溪吴仲实序》，《逊志斋集》卷十四，第 510 页。

的法则、真理的代表。表现在社会意义上，六经是三代以降文教仪制传延不绝的经典，是仪范政治制度、师表于后世，使人文典谟不坠于地的保证。对人而言，经记载着整个人类生活与社会政治事务的原则，可以解决人类从形而上的天人之际、道德之本与性命之原到政事之序与华夷之分的所有问题。所以学道必先学"经"。方孝孺说：

> 六经非圣人之私言，乃天之理也。①
>
> 五经者，天地之心也，三才之纪也，道德之本也。……学诸易，以通阴阳之故，性命之理。学之诗，以求事物之情，伦理之懿。学之礼，以识中和之极，节文之变。学之书，以达治乱之由，政事之序。学之春秋，以参天人之际，君臣华夷之分。②

方孝孺还认为要达至圣人之堂奥，除了精通六经，以其为圭臬外，还要于道统诸圣中重点研习孔子的思想。方孝孺特别尊崇孔子，他认为《论语》"述圣人言行，犹天地之化"。③他强调孔子之贡献说：

> 古之制，莫善于文武周公。文武周公之道，莫备于孔子。孔子之车，以仁义为轮毂，以礼乐为盖轸，膏之以诗书，泽之以忠恕。其动如天，其静如地，运行如阴阳，周通不穷如鬼神。其所在之重者，文武周公之道也。④

---

① 《石镜精舍记》，《逊志斋集》卷十六，第 570 页。
② 《学辨》，《逊志斋集》卷六，第 202～203 页。
③ 《读法言》，《逊志斋集》卷四，第 131 页。
④ 《任重斋记》，《逊志斋集》卷十六，第 588～589 页。

在方孝孺看来，孔子之所以伟大，在于他是诸经与诸圣之集大成者。孔子的开创之道体现着天地之理、宇宙之法则，亦是成人、成德乃至于治人治世的规律所在，应成为世人永世学习的对象。他主张：

> 为人不学孔、颜之学，则不足以为人。①
>
> 周公、孔子之道，则固终身资之而无穷，用之生民而有余矣。②
>
> 万世之所共尊而师其言者，惟孔孟为然。③

合而言之，方孝孺将五经之术、孔孟之道统称为"圣人之道"，他说：

> 圣人之道，离之为礼乐，政教、法度、文章；合之而为性命之原，仁义之统，其事业在诗书；其功用在天下。粹而全，大而正，确乎其无不具也。④

众所周知，五经作为中华民族最久远的经典，担当着中华文教制度的传承。儒家又是五经传承的主体。孔子删诗书、定礼乐、撰春秋，为万世师表；孟子辨王霸，道性善，倡仁政，重正气，皆有为后世开宗之功。可以说五经之术，孔孟之道是维系儒家一以贯之的道统的精神内核。方孝孺直越唐汉，以"圣人之道"作为自己志向的依归、学术的根据与改造现实社会的标准。可以说方孝孺的思

---

① 《学孔斋记》，《逊志斋集》卷十七，第 617 页。

② 《溪喻》，《逊志斋集》卷六，第 205 页。

③ 《答王仲缙书五首》，《逊志斋集》卷十，第 368 页。

④ 《越车》，《逊志斋集》卷六，第 206 页。

想是纯正的儒学思想，是有意斥除其他各家思想的结果。从源头上挺立儒家的真精神，这是他日后被人称为"正学"、"程朱复出"的内在根据。

方孝孺以"圣人之道"作为自己的志向，依圣人之"内圣而外王"的路向，他亦必将所体会的"圣人之道"努力行世，以完成其以"圣贤自任"的使命。方孝孺为推行志向早将一己之利害安危置之度外。他说：

> 志乎富贵权术而不志乎道者，自贱身者也。谓其身不足以行道者，诬其身者也。谓周、孔、颜、孟为不可及者，弃其天性者也。①

为行道，方孝孺已经超越了个人的职分和生活条件，而以整个的文化秩序作为关怀的对象。"食焉而思，思焉而行，不忧其身之穷，而忧道之不修"② 是其写照。他以知识分子特有的情操，坚定地推行自己的信念，把现实中的挫折作为实现信念的磨炼。他说：

> 成大业，立大功者，天必俾之先受天下之患，涉天下之至苦，故其志坚凝而不慑，气充盛而不衰，智虑明而措置安，不如是不足以成之也。③

我们再用刘宗周的话来表述方孝孺的这种真精神。他说："自

① 《尚志斋记》，《逊志斋集》卷十七，第 611 页。
② 《赠王仲缙序》，《逊志斋集》卷十四，第 495 页。
③ 《茹荼斋记》，《逊志斋集》卷十五，第 556 页。

箴铭杂著以往，想见其践履之密，操持之固，愿力之宏与经术经世之富有。则先生之于道，已卓乎升堂而启室矣。其处也，非孔孟不师；其出也，非伊周不任世；以为程朱复出，真程朱复出也。乃先生抱此耿耿，方将次第见之行事，而不幸处鼎革之际，至以十族殉之，创古今未有之局。"① 这便是方孝孺从立志到悲剧的基本情况。

三 圣人之心

通过上面对方孝孺志向的分析，我们可以清晰地看到方孝孺心中实际上已经沁成了一种"圣人之心"。刘小枫先生说"圣人之心"的要素有三："一、明心见天理（自然之法则），二、济世救民（博施于民，而能济众），三、保三代文教之制的担当。"② 这种精神在方孝孺身上有明显的体现。谁有了这种成圣的心态，谁对社会就有了一种受命感、责任感，想以一人担当起改造社会、救济天下苍生的任务。刘宗周说方孝孺的"完天下万世之责"③，方孝孺自己讲的"其大者，将宏廓敷扬其所传于世，俾人得乐生达理"④、"仆将抱遗经，陈之达者，而施之于天下"⑤，就是这种心态的表现。方孝孺立志、为学也是以这种对社会的担当精神为落脚点的。方孝孺承认自己的狂者胸次，却"又恐流于过高，如古狂人，而不适于用，是以深处

---

① （明）刘宗周：《重刻方正学先生文集序》，《刘蕺山集》卷十，载于台湾商务印书馆影印文渊阁《四库全书》，第 1294 册，第 485 页。

② 刘小枫：《儒家革命精神源流考》，上海三联书店，2000，第 64～65 页。

③ 《明儒学案·师说》，第 1 页。

④ 《谢太史公书》，《逊志斋集》卷九，第 300 页

⑤ 《与郑叔度八首》，《逊志斋集》卷十，第 352 页。

制抑"①，生怕自己的狂者心态脱离世用。可以说，学以致用，勇于践履，反对空谈性命是方孝孺修身、为学的最大特色和最大的目的。他说：

> 学古而不达于当世之事，鄙木之士也。②

> 为士者幸生乎今，……效所知，竭所能，以辅安宗黎民于无穷。③

> 使黎庶举得所愿，以无贻国家之忧。如是，则庶几……可以称为学之士矣。④

> 上鉴千载之得失，下视来世之是非，苟可以利天下，裨教化，坚持而不挠，必达而后止，安可厥一时之毁誉。⑤

为此，他激烈批评士儒仅能修身而昧于用世，称他们是"谈性命则或入于元密而不能措之行事，攻文辞则或离乎实德而滞于记问，扣之以辅世治民之术，则冥昧而不莫知所为"⑥。他劝好友王绅说："望勿以圣贤之言为空谈，知之欲真，践之欲笃，自期者欲远大，顾褆明命，以勿负天之所授，庶几其可耳。"⑦ 其语虽是劝进之言，但无不是方孝孺自己心迹的表露。显然方孝孺此举已经超出了传统理学的"规矩"。明清学者认为方孝孺"慨然以经世宰

---

① 《答俞敬德二首》，《逊志斋集》卷十一，第400页。
② 《杂诫》，《逊志斋集》卷一，第18页。
③ 《己卯京闱小录后序》，《逊志斋集》卷十二，第454页。
④ 《应天府乡试小录序》，《逊志斋集》卷十二，第453页。
⑤ 《答刘子传》，《逊志斋集》卷十一，第388页。
⑥ 《上范先生》，《逊志斋集》卷九，第312页。
⑦ 《答王仲缙》，《逊志斋集》卷十，第366页。

物为心"①，"以古圣贤自期，以经纶天下为己任"②，这些评述可谓深得方孝孺学说之精髓。这些言论恰恰印证了正是由于缺少方孝孺的这种用世的精神，明代中晚期才出现了士人清谈的流风。（详见《导言》）

正是在践履的要求下，方孝孺治学不迷信古人，以期求得最后的儒家纯正精神。他说：

> 治经不可无疑也。始于有疑而终于无所疑者也。……周礼余之所最好，而疑之为尤甚。③

> 前人以为然，不敢遽以为然也，必详察焉。前人以为否，未敢遂否之也，必加详察焉。④

> 文武周公之所为，宜若不可损益也。使世有圣人乎后，安知其果无损益哉？⑤

> 德苟可以为法，不必出乎古也；言苟不违乎道，不必见于经也。⑥

可见他立志于"圣人之道"，但不盲从经书与往圣权威，而是以怀疑的精神检视古人之言论，以形成真正的是非标准，达到真精神之域。这是何等地大胆，何等地富有创造精神！真如四库馆臣

---

① 《方先生小传》，《逊志斋集·附录》，第952页。

② （明）廖道南：《直文渊阁侍读学士改文学博士方孝孺》，《殿阁词林记》卷六，载于台湾商务印书馆影印文渊阁《四库全书》，第452册，第248页。

③ 《周礼辨疑四》，《逊志斋集》卷四，第112页。

④ 《与朱伯清长史》，《逊志斋集》卷九，第315～316页。

⑤ 《时敬庵记》，《逊志斋集》卷十五，第546页。

⑥ 《自警编序》，《逊志斋集》卷十二，第429页。

所说的"其（指方孝孺——引者按）志在于驾轶汉唐，锐复三代"。①

方孝孺的志向还表现出一种以孔孟之道为标准，排斥其他学说和观点的倾向。因为沁成"圣人之心"后，其就会自觉以道统中圣人为仪范，从内心中生发出极为强烈的卫道意识，对信念不和者皆斥"异端"以辟之。这是自视为道统传人者内在的本质要求。方孝孺驱斥异端的态度，其彻底性、激烈程度在明初士人中是最为突出的，也是前人所不及的。方孝孺心中所谓的异端，从《逊志斋集》来看，主要是指佛教、道教，也包括鬼神、灾祥、变异、堪舆、择日等日常生活中的传统习俗。他说：

> 仆有志于古人之道久矣，今之叛道者莫过于二氏，而释氏尤甚。仆私窃愤之，以为儒者未能如孟韩，放言驱斥，使不敢横。亦当如古之善守国者，严于疆域斥候，使敌不能攻，可也！稍有所论述，愚僧见之辄大恨，若詈其父母，毁讪万端，要之不足恤也。②

方孝孺以佛教作为异端邪说的代表，对其"放言驱斥"，谓反佛当如成卫国土一样，使其不敢侵犯儒道，即使是在反佛中自己为人所"毁讪"也在所不计，以至于"一时僧徒俱恨之"。③ 方孝孺反佛，是站在儒家道统立场上从维护伦理纲常出发的，也是其自身已沁成的圣人精神的体现。他说：

---

① （清）纪昀等：《逊志斋集提要》，载于台湾商务印书馆影印文渊阁《四库全书》，第 1235 册，第 45 页。

② 《答刘子传》，《逊志斋集》卷十一，第 388 页。

③ 《明儒学案·文正方正学先生方孝孺》，第 1045 页。

事乎老、佛名教之法，其始非不足观也，而不可以用。用
之修身则德隳；用之治家则伦乱；用之于国于天下，则毒乎
生民。是犹稊稗之农也，学之蠹者也。①

方孝孺认为佛教于人伦治道是不可用的，非但无益反而有害，
学者研习之，将是人道之蠹。相反周公、孔子之道"近之化一家，
远之济天下"②，是人伦日用离不开的。方孝孺从这个角度出发反对
佛教的轮回、宿命，以及灾异、怪变、堪舆等等一切不合儒家礼制
和修身方式的迷信。而对灾异、妖变、祥瑞等现象，方孝孺从儒家
气论的角度来解惑。他说：

二气、五行精粗粹杂不同，而受之者亦异。……此气之变
而然，所谓非常者也，非有他故然也。③

草木之异常者，皆气之变也，于人事何与？而人以为祥，
岂不惑乎？④

在他看来，自然界"星殒地裂"，未必是灾应；"麟凤在郊"，
未必是祥瑞。⑤"非常之物仅可为太平之征，非常之才实可以致太平
之盛，是以圣人尤贵之重之，德可以善俗，行可以化民"。⑥方孝孺
本着一种类似荀子的自然与人道相分的精神，认为自然界之异者不

---

① 《种学斋记》，《逊志斋集》卷十七，第631页。
② 《种学斋记》，《逊志斋集》卷十七，第631页。
③ 《启惑》，《逊志斋集》卷六，第197页。
④ 《蒋氏异瓜辨》，《逊志斋集》卷七，第265页。
⑤ 《考祥文》，《逊志斋集》卷八，第266页。
⑥ 《灵芝甘露论》，《逊志斋集》卷七，第234页。

足为人类社会的征兆。他所重的还是人伦纲常之正，因为"天地之生物，有变有常，儒者举其常以示人，而不语其变也"。①

心中沁成圣人精神以后，其往往对前人滋生不满。汉唐以来，反佛者不乏其人，其著者如韩愈。韩愈一方面为卫道而首发道统说，另一方面激烈反佛，二者是一体之两面。方孝孺却以为韩愈反佛是"稍知其大者而不能究其本"。他说："仆少读韩氏文而高其词，然颇恨其未纯乎圣人之道，虽排斥佛、老过于时人，而措心立行，或多戾乎矩度，不能造颜孟氏之域，为贤者指笑，目为文人。"② 方孝孺以自己心中沁成的圣人之道在反佛的同时，严厉批判韩愈未达至圣人之域，故其反佛"不能究其本"，这也是方孝孺"圣人之心"的必然表现。

综上所述，方孝孺凭其天分和后天努力，以类似原教旨的宗教家的方式，力复往圣之绝学，以天下斯文自任；道非孔孟不师，出非伊周不任；自觉承担起道统传承之义务，以圣贤之道化民，力辟异端邪说。他推行个人理想坚定不移，置生死安危于度外。但是，方孝孺中兴孔孟之道，针砭时弊，以道改造社会，有一点是不能绕开的，那就是必然会与专制权力发生关系。从上述内容看，方孝孺的志向甚至天然就有对专制政权以道抗势的倾向。方孝孺自然清楚其志向的处境，所以他才极力地增加其与王侯对抗的合理性。其首要的就是增强自己在道统代言上的合法性。他以六经为根基，以孔孟为归依，自视为道统中的成员，以延续道统为己任，只有如此才

---

① 《启惑》，《逊志斋集》卷六，第178页。
② 《与郑叔度八首》，《逊志斋集》卷十，第314页。

能被掌权者和士林承认。在沁成"圣人之心"这一点上，方孝孺显然是成功的，真可谓"欲以一人之身挽回数千年之世道"。① 这便是方孝孺殉难的心理基础。

第三节　士人心中的方孝孺

一　士人的盛誉

方孝孺的"圣人之心"如果仅是孤立的现象，没有其他士人的响应，恐怕方孝孺的志向也不会发展成为后来宁折不屈的殉难。所以士人心中的方孝孺无疑是事件伸展的外在推动因素。且儒家知识分子思想的价值往往是后世学人赋予的，特别是能否对道统传衍有功的评价更是具有严重的滞后性，绝非思想家生时可以完成的。质言之，能对道统传承有功者，除其内在的儒学素养积累外，更主要的是要赢得数世学人从学统高度上的认可。方孝孺的情况则不同。他于生时就志在比肩先圣。于普通人看来，他不过是不能自谦而无实学的狂狷者，故多讥之。"近有人闻某狂言，辄顿足抚掌，如闻怪声，且欲来瞷形貌，果类古人否。所亲者以告，某笑应之曰：'形貌与今人不异，但心似古人耳。'"② 方孝孺自己以孟子"君子之所为，众人固不之识"、屈原"非俊疑杰，庸态然也"之语自解，说："要之此事，不必与流俗争，但汲汲力求千载以

---

① （清）沈佳：《方孝孺正学先生忠烈公》，《明儒言行录续编》卷一，载于台湾商务印书馆影印文渊阁《四库全书》，第458册，第1002页。

② 《答俞敬德二首》，《逊志斋集》卷十一，第401页。

上之人为师，以俟诸百世之下，知不知不暇问也。"①

然与普通人的见解不同，方孝孺以三代作为改造社会的理想，以孔、孟、颜、闵作为道德理想的典则，以明王道、致太平作为高远志向的思想得到了儒家众多精英的高度认同。方孝孺以道统中的圣人自比，而同道者亦以道统归之。

前文已述，其师宋濂称方孝孺为"孤凤凰"，喻其他弟子为"百鸟"。细究凤鸟之喻，可知宋氏认为方孝孺是年轻一代士人之首。此语出自"明代开国文臣之首"的宋濂，意义自非同一般。宋氏又深恐他人以为自己私爱弟子，有过情之嫌，他强调说："今为此说，人必疑予之过情。后二十余年，当信其为知言，而许生者非过也。"② 宋濂之深誉方孝孺之处，在方孝孺非凡的学业。宋濂果然言中。方孝孺真的成为天下瞩目的士林领袖。这一点我们可以从其他士人的赞誉中求得证据。王绅是深知方孝孺者，对他的道德文章推崇备至。他说：

> 汉中府教授天台方公希直，备神明之资，负正大之学，慨然有志于圣贤者也。……三代之隆，大道昭著，风俗淳厚，人伦明于上，教化行于下，故人之学焉者，多出于正。……逮至汉唐，世愈降而道愈离。尚幸间有豪杰之士于其间，足以回人心，破邪说，挽颓波而振余风，然亦不能多见。若汉之董仲舒，……唐之韩愈，……至宋周茂叔，……。若二程子之主敬行恕，穷神知化，而道益宏远矣。其后新安朱子出，又能推明

① 《答俞敬德二首》，《逊志斋集》卷十一，第 401 页。

② （明）宋濂：《送希直归宁海五十四韵》，《逊志斋集·附录》，第 936 页。

周程之旨，而集群贤之大成。于是世之先后虽不同，要皆羽斯道，而所学纯乎其正者也。……今公（指方孝孺——引者按）才足以振俗，德足以服人。生逢明之世，而又遭贤王之眷顾，则所以追诸子，而溯三代者，公其可无意乎？①

自昔圣贤之生，岂必逢圣贤而后言？皆俯躬曲就，喋喋而诲之，惟恐其道不明也。……今执事备精诚之才，蓄纯明之德，日以立言明道为己任，而期底乎圣贤之域。庶日谈论于众人之中，是者进之，非者斥之，使开其心，化其质，是其宜也。②

此绅之所以拳拳望执事（指方孝孺——引者按），立言著书以明道也。且道之不明，亦已久矣。自孔子没，异端并起，至孟子麾而斥之，其言见于七篇之书。其书虽为门弟子之所记述，然莫非其精神心术之所萃。后乎万世，斯道藉之为保障，生民倚之为粟帛，其功为在禹下者，岂止及数人，而利一时哉？……今执事之才之美固将轹马刘驾扬班而底孟荀也。天下之所仰望者，岂外此哉！③

考王绅对方孝孺的评价，可以总结为一句话："尊方孝孺为百世儒宗。"④ 他把方孝孺思想的价值放在三代以降儒家道统中去评估，认为方孝孺可以比肩董仲舒、韩愈、周敦颐、程朱等道统功臣，以为方孝孺才德卓然，足以服人化俗，为"天下所仰望者"，所做出的

① （明）王绅：《正学斋记》，《逊志斋集·附录》，第936页。
② （明）王绅：《答方希直先生书》，《逊志斋集·附录》，第944~945页。
③ （明）王绅：《上侯城先生书》，《逊志斋集·附录》，第947~948页。
④ （清）沈佳：《王袆华川先生忠文公》，《明儒言行录续编》卷一，载于台湾商务印书馆影印文渊阁《四库全书》，第458册，第1007页。

成绩也应该完全可以追迹诸子，溯源三代，以羽翼斯文。王绅正是期待方孝孺成为圣人，所以他才希望方孝孺能像孔孟那样立言明道化人，以让士人倚之为粟帛，开其心，化其质；让道统藉以为保障，传世而不坠地，方孝孺自己也可以"轹马刘，驾扬班而底孟荀"，跻身于圣人之域！王绅如非真正理解方孝孺思想，则绝难道出如此真诚之辞。

王绅主要评价了方孝孺的学术成就和资质。与方孝孺同时殉难的王叔英则道出了方孝孺的"出处"对于明代士大夫的意义。他说：

> 执事之身，系天下之望，士之进退，天下之幸不幸与焉。侧闻被召，计此时必已到京，获膺大任矣。兹实天下之大幸也。①

何以方孝孺一人的出处就可以影响天下士君子的幸与不幸呢？如果能解释得圆通，只能将方孝孺视为"系天下重望"的士林领袖。② 他是在当时对文化与儒家传统最具发言权的精英，是儒家士君

---

① （明）王叔英：《与方正学书》，载于（明）程敏政编《明文衡》卷二十六，台湾商务印书馆影印文渊阁《四库全书》，第 1373 册，第 808 页。

② 方孝孺为天下士林的精神领袖郑桓诗也可以佐证。方孝孺应建文帝召命临行，郑桓作《凤雏行》以赠，诗曰："翩翩紫凤雏，羽翮备五彩。徘徊千仞翔，余音散江海。于焉览德辉，济济锵环佩。天门何嵯峨，群仙久相待。晨沐睎朝阳，夜息饮沆瀣。如何复西飞，去去秦关外。岐山谅匪遥，啄食良自爱。终当巢阿阁，庶以鸣昭代。"末句"终当巢阿阁，庶以鸣昭代"表明了方孝孺在郑桓心目中的地位。郑桓受方党株连，最主要的证据就是这首诗。（明）郑桓：《翩翩紫凤雏——赠方希直赴汉中教授》，载于（明）程敏政编《新安文献志》卷五十一下，台湾商务印书馆影印文渊阁《四库全书》，第 1375 册，第 673 页。

子的代表。他与政权的关系则代表着所有儒家知识分子与政权的关系。方孝孺出仕，意味着知识分子与明政权整体上的合作，意味着明政权接受了儒家的治国方略，所以才是天下士民的大幸。

我们了解了王绅、王叔英、郑桓的具体论述后，才能深刻理解燕王"欺天下"的登基诏书非要"读书种子"的方孝孺来起草不可。燕王看中的就是其对天下士林的号召力。其草诏不成，朱棣族诛及朋友门生，也是在于消除其影响势力。同样我们了解了方孝孺在明初儒林中的影响，再反观史传中所载众多的方孝孺誉称，方深知其绝非过情之誉。

> 三十一年戊寅，太孙嗣，召（方孝孺——引者按）为翰林博士，寻进侍讲，礼遇甚重。当是时天下识与不识，咸仰之。以为颜孟程朱复出。①

> 我高皇帝时，两召语合，稍除汉中教授。蜀献王后数延之，尊之曰正学先生。于是天下识与不识，咸望之若孟子。建文初，累官侍讲，与决大机，天下倚之若伊尹。靖难兵至，姚广孝辈中以烈祸，屹不为动，天下义之。若此者，正孟子所谓不能淫，不能移，不能屈焉者矣！非学之正，志之笃，有得于所谓浩然者耶？②

> 方孝孺则卓然为一世儒宗，朝廷大制作皆出其手。③

---

① 《方先生小传》，《逊志斋集·附录》，第952页。

② （明）赵渊：《成都府正学方先生祠堂记》，《逊志斋集·附录》，第954页。

③ （明）廖道南：《直文渊阁侍读学士改文学博士方孝孺》，《殿阁词林记》卷六，载于台湾商务印书馆影印文渊阁《四库全书》，第452册，第248页。

事经二百余年，到了明晚期，方党已经平反，《逊志斋集》流行开来，士人对方孝孺的关注达到了一个高潮。此时的研究者几乎都不约而同地将方孝孺的道德文章与儒家的道统联系起来，将方孝孺视为圣学统绪的传人。

> 宋元之间，授受各有渊源，金华四子之学出自黄干，故世以为薪火之正传，考其遗书，各有所至，要皆力务私淑，以维朱子之绪者也，谦之高第有宋濂，濂之高第有方孝孺，及方孝孺殉义而一线始绝。①

> 自有宋诸儒出，理学大明。虽议论罕传，自当特取其履行之实，为笃论也。今据其说而详考宋元明诸儒，其不愧传道之列者，宋则周元公崛兴数千载之后，上接邹鲁。而二程、张、邵、朱子相继而兴，其渊源所在程子之门，则由杨龟山、罗仲素、李延平而递传于朱子。朱子之门，由黄勉斋、何文定、王文宪、金文安、许文懿而递传于方正学，皆一线之宗承。若夫薛文清振起于河汾，王文成时倡道于姚江，顾端文高忠宪集成于东林，皆真修实悟以道统为己任，而诣极最高。②

综上所述，方孝孺"锐复三代"，以六经为归依、以孔孟为根基的改造社会的志向在明代士人中得到了热烈的回应和赞成。可知方孝孺真的是走在精英的前列。其理想遂亦成为众多士人共同向往之

---

① （清）朱轼：《许谦传》，《史传三编》卷八，载于台湾商务印书馆影印文渊阁《四库全书》，第459册，第136页。

② （清）秦蕙田：《五礼通考》卷一百二十，载于台湾商务印书馆影印文渊阁《四库全书》，第137册，第913~914页。

目标。所以方孝孺的志向首先得以在士人阶层中伸展。

二 时命不偶

刘宗周说方孝孺"时命不偶，遂以九死'成就一个是'，完天下万世之责，"① 可见方孝孺悲剧的产生还有外在政治环境的原因。明政权最大的政策失误就是对知识分子进行压迫，这与太祖朱元璋的创始政策有极大的关系。朱元璋出身于不识诗书的贫苦之家，又以武力夺取天下，其间虽重视能谋划的儒生，然也仅是利用其夺天下，而对儒家文化没有切实的认同感，对文人官吏更是没有好感。洪武二年其即下令祀孔子只行于曲阜，不必天下通祀。其读《孟子》以为非臣子所宜言，硬是对已升经《孟子》改成《孟子节文》，删除有关民贵君轻、士节等言论八十余条。② 朱元璋因年轻贫苦时备受元朝官吏的欺凌，心中积满了对官吏的怨气，故治吏极严，以至于官员们安然下朝后常相庆又活过了一日（详见第二章）；又开创了廷杖之法，肆无忌惮地摧残、污辱文官士人身心；建明后更是采取了尚武轻文的政策，洪武三年"始大启封建"，"诚意（指刘基——引者按）至不能当六之一，其轻可知"。③ 故在明初整个社会形成了一种轻文人的气氛。这反过来也造成了士人也不愿与明政权合作的局面。④ 终明一代，政权与知识分子之间的关系始终处于紧张状态中。

---

① 《明儒学案·师说》，第 1 页。

② 《明史·钱塘传》，第 3981 ~ 3982 页

③ （明）王世贞：《公侯伯表总叙》，《弇山堂别集》卷三十七，载于台湾商务印书馆影印文渊阁《四库全书》，第 409 册，第 473 ~ 474 页。

④ 详见钱穆《读明初开国诸臣诗文集》、《读明初开国诸臣诗文集续篇》，载于《中国学术思想史论丛》（六），台北东大图书公司，1993。

崇祯二年明末著名文人张岱谒孔庙，孔家人说："天下只三家人家，我家与江西张、凤阳朱而已。江西张，道士气；凤阳朱，暴发人家，小家气。"①

方孝孺生活在明代从武装开辟向文官守成的转化时期。建文帝启用方孝孺就是为了完成这个转化。这可能是朱元璋与建文帝祖孙两代认为，方孝孺本于儒家之学统，长期对洪武朝政治弊端极为关注，撰写了大量批评时政且切中时弊的政论文，加之是天下士林领袖，声望极高，又有积极推行儒家理想以改造社会的志向，所以是辅佐建文帝营造盛平之世的最佳人选。朱棣"靖难"是对这一转化的打断。再次以武装夺取天下的朱棣对建文帝重文怀柔政策全面改变。朱棣"酷类先祖"②，早在"靖难"中就已经"嗜杀成性"。"城下之日"，他清宫三日，杀戮极为惨烈。《明史纪事本末》记载了大量朱棣大屠杀的罪行。方孝孺与朱棣，一个是欲誓死来固守纲常的士林精神领袖，一个是欲杀人以服天下的篡位皇帝，二者相遇，明初历史上极为惨烈的那一幕就必然发生了。黄宗羲说："成祖天性刻薄，先生为天下属望，不得其草，则怨毒倒行，何所不至，不关先生之甚不甚也。"③

第四节 小结

本章通过分析方孝孺的殉难过程，认为方孝孺之死与其他"壬

---

① （明）张岱：《陶庵梦忆》，古籍出版社，1982，第 10 页。
② 《明史·卓敬传》，第 4024 页。
③ 《明儒学案》，第 1045 页。

午殉难"者最大的不同之处是方孝孺不仅死于政治斗争,更主要的是死于固守信念。笔者通过考证"是"字与"成仁取义"的内在联系,证实方孝孺是在死前就已经坚定了誓死的信念的。通过分析方孝孺修身立志为学的特色,认为其志在孔孟圣贤之道,以明王道为己任。方孝孺为学是以六经为根基,以孔孟为归依,为学的目的是将孔孟之道达于世用,振俗化民。方孝孺立志为学是其被尊称为"读书种子"的内在根据。笔者通过分析"读书种子"的道统意蕴,认为方孝孺已经沁成"圣人之心",所以他才激烈地批评时政与社会风俗上的弊病,强烈地辟异端以卫道,积极地推行圣人之道以完成所负的天下之责。方孝孺这种道德理想主义在明初社会重建的过程中得到了广大士大夫知识层的认同与拥戴,他们公认方孝孺为士林的精神领袖。然而方孝孺处于政治专制主义正急剧上升的阶段,掌权者不允许知识分子对政治发表意见,对文人采取了严酷的镇压与管制政策。方孝孺作为"读书种子"却想以圣人之道改造专制政权,就必然与掌权者发生矛盾。时命不偶,最终方孝孺以道德理想主义的失败而告终。方孝孺自己也落得了一个一身死而十族诛的悲剧下场。

第二章

"圣人之心" 对现实政治的批判

第一节　"圣人之法" 对尚法政治的纠正

一　小引

明太祖朱元璋因廷臣举荐两次三番召见方孝孺①，每次却都以

---

① 洪武召见方孝孺可确考的有两次：第一次为洪武十五年（1382）底召，十六年
（1383）初见。第二次是洪武二十五年（1392）。另洪武二十年（1387），方孝
孺"为仇家所连，逮至京，太祖见其名，释之"，有可能见太祖。洪武二十六
年（1393）、二十九年（1396），方孝孺两次主持京闱，可能见太祖。（《明
史·方孝孺传》，第 4017~4018 页）王世贞《弇山堂别集》卷二十一录祝枝
山（即祝允明）《野记》载：高帝令宋学士濂作《灵芝甘露颂》。赐酒大醉归。
为方孝孺言之，顷酣寝。方候夜深，殊未醒，即为代制文。比晓宋起趋朝，愕
然谓方曰："我今日死矣！"方问何故。宋曰："昨上命作颂，醉甚，误不为，
今何及矣，上怒必赐死。"方曰："正恐先生觉，已具一草，或裁定以进，可
乎？"即以文呈宋阅之。曰："何改为！"亟怀之入朝。上迎谓濂颂何在，宋出
进之。上读之，曰："此非学士笔也。"宋又愕然。上曰："此当胜先生。"宋
叩头谢："臣实以赐酒过醉不能成章，门人方某代为之。"上曰："此生良胜
汝。"立召见，即试一论五策，方立成。上览讫，复顾宋曰："渠实过汝。"即
命面赐绯袍腰带犹平巾，令往礼部宴，命宗伯陪之。复遣觇焉，方（转下页注）

"此异人也，吾不能用"、"此壮士，当老其才"、"今非用方孝孺时"① 之类的遁词拒绝起用方孝孺。他一方面称方孝孺"异人也"、"诚异才也"，与身边重臣比较，云"此生良胜汝"、"渠实过汝"（指明开国文臣之首宋濂——引者按），可谓极看重方孝孺的才能，另一方面又明确表示"吾不能用"，朱元璋如此举动看似矛盾，实有其深意。他表示要把方孝孺留予"子孙光辅太平"。方孝孺之才似乎确能辅佐朱元璋之后朱姓子孙世代太平传世。

他何以认定方孝孺有如此才能？笔者认为，太祖之所以认定方孝孺有光辅太平之才的原因就在于其称方孝孺为"异人"、"异才"之中。有方孝孺之"异"，方能凸显出太祖本人及朝中臣僚之

（接上页注①）据上席岸然。上曰："斯人何傲。"因不留，俾为蜀王府教授，语懿文曰："有一佳士赍汝，今寄在蜀。其人刚傲，吾抑之。汝用之当得其大气力。"考方孝孺从宋濂学在洪武九年（1376），十年（1377）宋致仕离京，洪武十三年（1380）卒，方孝孺见太祖当在洪武九年（1376），而其补汉中教授在洪武二十五年（1392），时间上前后矛盾，此次见太祖实有可疑之处。参见（明）王世贞《弇山堂别集》卷二十一，载于台湾商务印书馆影印文渊阁《四库全书》，第 409 册，第 269 页。

① 《明史·方孝孺传》："洪武十五年（1382），以吴沉、揭枢荐，召见。太祖喜其举止端整，谓皇太子曰：'此壮士，当老其才。'礼遣还。……二十五年（1392），又以荐召至，太祖曰：'今非用方孝孺时。'除汉中教授。"（《明史·方孝孺传》，第 4017 页）《方正学先生年谱》记载得更为详细、生动："应召如京师，见高皇帝于奉天门，……陈说颇多，试《灵芝甘露论》，益称旨。上每面试举子，必亲定高下。注选至，先生独不注，曰：'此异人也，吾不能用，留为子孙光辅太平。'顾谓沈枢曰：'方孝孺孰与汝？'对曰：'十倍于臣。'上叹曰：'诚异才也。'令往见东宫，赐之宴几，稍敬，先生必正乃坐。上使人觇之，喜其举动端整，谓皇太孙（实为皇太子——引者按）曰：'此壮士，当老其才以辅汝。'谕遣还乡。"洪武二十五年（1392）又载："在猴城，廷臣复交荐，辟至京。上方重赏罚，以其志存教化，顾谓左右：'今非用方孝孺时。'"

"同"。此异同关系不仅内含有"今非用方孝孺时"的原因，而且关系到明初洪武、建文和永乐三朝的政治基调和几乎所有的政治大事件。有明一代三百年的政统不过是这一基调的变奏。此异同关系于方孝孺个人方面来说，是方孝孺沁成"圣人之心"后批判现实政治的必然表现，亦是方孝孺"一生苦心"向现实展开的第一步。可以说，方孝孺的事例生动地展现出了儒家道德理想主义与明太祖极端政治专制主义的全面冲突。这种冲突关系思想史和政治史、文化史诸领域，还关系从道与从君、君主观等重要的儒家传统政治文化现象。方孝孺的事迹是梳理此类话题极为典型的个案。

二　明太祖尚法

明太祖注重礼法①的建设，更重礼法的贯彻落实。《大明律》是明王朝最早的法律，它的制定是从吴元年正式开始的，并于一个多月后完成并颁行。这距朱元璋登基还有整整一个月的时间。在王朝正式建立前就制定、颁布一代成法，这在中国历史上是不多见的。②

---

① 本书所用法的概念不是狭义的"律"、"刑"的概念，是广义的法，包括中国古代之法、律、礼。如严复说："西人所谓法者，实兼中国之礼典。中国有礼、刑之分，以谓礼防未然，刑则已失。而西人则谓凡著在方策，而以令一国之必从者，通谓法典。至于不率典之刑罚，乃其法典之一部分，谓之平涅尔可德（意为刑法，Penal Code 的音译——引者按）。而法典之全体，故如吾国《周礼》、《通典》及《大清会典》、《皇朝通典》诸书，正西人所谓劳士（Laws 的音译——引者按）。若但取秋官所有律例当之，不相侔矣。"（〔法〕孟德斯鸠：《严译名著丛刊·孟德斯鸠法意》上册，严复译述，商务印书馆，1981，第 7 页）

② 《明史·陶安传》，第 3926 页。又参见〔美〕姜永琳《论中华帝国法律的宗教特征——以明初法律文化为例》，载于朱诚如、王天有主编《明清论丛》，紫禁城出版社，2002，第 60 页。《明史·刑法志》也说：盖太祖之（转下页注）

太祖立法早，立法种类众多①，执法也十分严格，王子、庶民一视同仁，行刑不避宗戚功臣，《明史·太祖本纪》：

> 三十年六月己酉，驸马都尉欧阳伦有罪赐死。②

《明史·胡大海传》：

> 初，太祖克婺州，禁酿酒，大海子首犯之。太祖怒，欲行法，时大海方征越，都事王恺请勿诛，以安大海心。太祖曰："宁可使大海叛我，不可使我法不行。"竟手刃之。③

朱元璋行法过严，以致立《御制大诰》三编法外用刑，酿成恐怖政治。明初四大案（空印案、郭桓案和胡、蓝案）屠戮达十几万人。"制不宥之刑，权神变之法，使人知惧而莫测其端"。④ 当人人欲守法，却又不知守法之具时，则必然产生危机感。因为人人可能有不测之祸，家家可能有无妄之灾。"时京官每旦入朝，必与妻子诀，及暮无事，则相庆以为又活一日"⑤，朝野上下弥漫着浓重的恐

(接上页注②)于律令也，草创于吴元年，更定于洪武六年（1373），整齐于二十二年（1389），至三十年（1397）始颁示天下。日久而虑精，一代法始定。（《明史·刑法志》，第2284页）

① 明太祖在位三十年间制定了一大批法律，包括《大明集礼》、《孝慈录》、《洪武礼制》、《礼仪定式》、《诸司职掌》、《稽古定制》、《国朝制作》、《大礼要义》、《皇朝礼制》、《大明礼制》、《洪武礼法》、《礼制集要》、《礼制节文》、《太常集礼》、《礼书》等，参见《明史·礼志》一，第1223~1224页。

② 《明史·太祖本纪》，第54页。

③ 《明史·胡大海传》，第3879页。

④ 《明史·叶伯巨传》，第3991页。

⑤ （清）赵翼：《廿二史札记校证》，王树民校证，中华书局，1984，第744页。

怖气氛。方孝孺本人就是这种恐怖政治的直接受害者。他描述自己讼后的恐怖心理说："自括发以来，心遑遑不知所依。居则忽忽有遗，行道常若豺狸在后而相追。闻有疾呼暴走，即震魄骇胆，周章四顾。见持捉当道者，辄惊惧汗出。何者？伤弓之鸟见曲枝则叫号而避之，非虚语也。"① 其惧法畏刑之心理跃然纸上，可见恐怖政治对其伤害之深。

太祖推行尚法政策，在内在理念上必有所本。太祖本是元末普通小民，饱受过元末天下骚乱的流离颠沛、生命毫无保障之苦。但是其从一个备受压迫的小民蜕变成为掌握天下赏罚之柄的封建帝王，使他不得不总结历史的经验、教训，纠前代之失，立一代之制度，以使朱明王朝国祚长久。另一方面，他也有可能真心想为与他过去类似的百姓创造一个太平环境，以免他们再次受天下骚乱、官吏贪虐之苦。

太祖说：

> 元氏昏乱，纪纲不立。主荒臣专，威福下移，由是法度不行，人心涣散，遂至天下骚乱。②
>
> 立国之初，当先正纪纲。元氏暗弱，威福下移，驯至于乱，今宜鉴之。③

太祖认为，元亡于两个方面，一是"纪纲不立"，这是首要的因素；二是没有"纪纲"造成的衍生因素——"威福下移"。国家法

---

① 《与叶夷仲先生》，《逊志斋集》卷九，第287页。

② 台湾"中央研究院"历史语言研究所校印《明太祖实录》卷十四，第176页。

③ 《明史·太祖本纪》，第12页。

度昏乱，君臣之间无法可循，臣篡君权，国家法令无法执行，遂不能收拾秩序和人心，造成天下大乱。所以他以史为鉴，"立国之初，当先正纪纲"，于是后世就有了这样的观感：

> 明祖亲见元末贪黩懈弛，生民受害，故其驭下常以严厉为主，虽不无矫枉过正，然以挽颓俗而立纪纲固不可无此振作也。①
>
> 明太祖惩元季吏治纵弛，民生凋敝，重绳贪吏，置之严典。②

那么明太祖的"纪纲"有何内涵？他说：

> 礼法，国之纪纲，礼法正则人志定，上下安，建国之初，此为先务。③

在这里我们看到了明太祖尚未登基就开始立法的原因："此为先务"也。可见太祖所说的纪纲就是传统中的"礼法"。但是为什么他注重礼法却酿成了恐怖政治呢？④ 这与明太祖的礼法观有极大的关系。

礼法是属于知识世界的客观存在，对社会成员提供了社会秩序与意义世界的建构。⑤ 礼，许慎《说文解字》说："礼也，履也，所

---

① （清）赵翼：《廿二史札记校证》，王树民校证，中华书局，1984，第837页。
② 《明史·循吏传》，第7185页。
③ （明）余继登：《典故纪闻》，中华书局，1981，第5页。
④ 关于从礼法转换成恐怕政治的详细内在机制，参见罗冬阳《明太祖礼法之治研究》，高等教育出版社，1998，第1页。
⑤ 参见张德胜《儒家伦理与秩序情结——中国思想的社会学诠释》，台北巨流图书公司，1989，第35～61页。

以事神致福也。"王国维的《释礼》解释得精彩："盛玉以奉神人之器谓之豊若丰，推之而奉神人之酒醴亦谓之醴，又推之，而奉神人之事通谓之礼。"① 子产说："夫礼，天之经也，地之义也，民之行也。"② 孔子及以后的儒家，继承了宗法社会的礼乐传统，参以新精神——仁，把礼转述成一个以义务为本位的等级秩序、行为准则和道德规范，如《左传·隐公十一年》曰："礼，经国家，定社稷，利后嗣也。"③《礼记·礼运篇》上也称"以正君臣，以笃父子，以睦兄弟，以齐上下，夫妇有所"。④ 孔子之后的礼成为中国文化教育的核心部分，成为中国人的生活方式。

关于法，许慎《说文解字》说："灋，释曰：刑也，平之如水，从水；廌，所以触不直者，去之，从去。"其中观点有：一为刑⑤；二为廌，《说文解字》云："廌，解廌，兽也，似山牛，一角。古者决讼，令触不直。"从字义上看，法的最初之义是关于断案及量刑的标准，基本上类似现代之刑法，与现代社会广义之法不同。⑥ 法中含有刑之义，故法、刑往往互用，如《尚书·吕刑》："惟作五虐之刑曰法。"

在礼法的关系中，儒家以法、刑为不得已而用之的治国工具，对其有保留态度。孔子说："道之以政，齐之以刑，民免而无耻；

---

① 王国维：《释礼》，载于王国维《观堂集林（外二种）》（上、下），河北教育出版社，2001，第177页。
② 杨伯峻编著《春秋左传注》，中华书局，1981，第1457页。
③ 杨伯峻编著《春秋左传注》，中华书局，1981，第1457页。
④ （清）孙希旦：《礼记集解》，沈啸环、王星贤点校，中华书局，1989，第583页。
⑤ 刑之本义为盛水器皿，引申为"平之如水"，公平之意。
⑥ 见上注严复关于法的定义。

道之以德，齐之以礼，有耻且格"①，"不教而杀谓之虐"。② 儒家以礼乐为刑罚的前提，及刑罚的精神旨归，正所谓"礼乐不兴，则刑罚不中"。③ 后世士人、政治家皆根据儒家这些精神阐述礼与法的关系。陈宠说："臣闻礼经三百，威仪三千，故《甫刑》大辟二百，五刑之属三千。礼之所去，刑之所取，失礼则入刑，相为表里者也。"④ 唐太宗说："失礼之禁，著在刑书。"⑤《唐律疏义·名例》说："德礼为政教之本，刑罚为政教之用，犹昏晓阳秋相须而成者也。"⑥ 可知后世之观念皆本于儒家"礼乐不兴，则刑罚不中"及《尚书》"明于五刑，以弼五教"之观念。

但是与儒家的礼法观念及其基本关系命题不同，明太祖是这样认为礼、法、刑的：

> 礼者，国之防范。⑦

> 人之害莫大于欲。欲非止于男女宫室饮食服御而已，凡求私便于己者皆是也。惟礼可以制之。先王制礼所以防欲也。⑧

---

① 《论语·为政》。

② 《论语·尧曰》。

③ 《论语·子路》。

④ （宋）范晔：《后汉书》卷四十六，《陈宠传》，（唐）李贤注，中华书局，1965，第1554页。

⑤ （唐）李世民：《唐太宗集·薄葬诏》，吴云、冀宇编辑校注，陕西人民出版社，1986，第349页。

⑥ （唐）长孙无忌等：《唐律疏议笺解》卷一，《名例》，刘俊文笺解，中华书局，1996，第3页。

⑦ 台湾"中央研究院"历史语言研究所校印《明太祖实录》卷八十，第1449页。

⑧ 台湾"中央研究院"历史语言研究所校印《明太祖实录》卷一百二十六，第2009页。

刑者，人君用之以防民。①

法令者，防民之具。②

"防范"、"防欲"、"防民"、"防民之具"，都有一个"防"字。翻阅《明太祖实录》，类似的言论还有很多。此种观念可能受到了《礼记·坊记》的影响："礼者，因人之情而为之节文，以为民坊（通防——引者按）者也。"③礼有节制、规范人情之用。但问题的关键在于明太祖把礼、刑的本质看成同一的。这样就消除了礼、法之间的差别而互通互用。罗冬阳博士总结了明初的刑罚状况后说："不仅根据礼的精神编纂的律是刑法典，而且具体行为规范和制度层面的礼也履行刑法的功能，甚至抽象价值层面的礼（道德）也能直接作为刑罚的依据。因此，以礼治作为王道理想的朝代，也就必然是一个以刑罚为治的朝代。明太祖的礼治超迈唐宗而直迫三代，因此，他的刑治亦超迈唐宗而直迫三代。"④可见礼、法互用是造成恐怖政治的思想根源。

太祖把"礼、法、刑"的共同本质设定为"防"，这都是从礼、法、刑的社会功能上着眼的。从社会功能上着眼，只有认定人性中天然有违背社会规范的倾向，才可能设定"礼、法、刑"

---

① 台湾"中央研究院"历史语言研究所校印《明太祖实录》卷一百六十七，第2559页。

② 台湾"中央研究院"历史语言研究所校印《明太祖实录》卷二百三十六，第3456页。

③ （清）孙希旦：《礼记集解》卷五十，《坊记》第三十，沈啸环、王星贤点校，中华书局，1989，第1281页。

④ 罗冬阳：《明太祖礼法之治研究》，高等教育出版社，1998，第1页。

为"防"之工具，即认定人性是恶的，而不是像孟子那样乐观地认定人的天性中有符合社会规范的善根。人性恶，故严刑峻法，以礼法为具，防止人为非。

然而，密编之严刑峻法一旦公布于众，礼法就有了其独立性："法者，天子所与天下公共也。"① 荷兰汉学家 J. J. L. Dugvendak（戴达维）说："尽管法律的制定可能是专横的，可是一旦公布，就必须执行，于是，君主专横行为的余地就不复存在了。"② 法一旦公布于众，不但规范了民众的行为，而且能规范君主的行为，起到限制王权的作用。

但就君主的本性来说，整个国家机器是为君主个人的意志服务的，君主不想让国家机器反过来限制自己的意志。所以，明太祖是不允许商鞅所说的"故有道之国，治不听君，民不从官"③ 现象存在的。所以他破坏了自己精心创建的礼法纲纪，制《大诰》三编，于律外用刑，以自己的意志为刑罚的指挥棒。

> 凡三《诰》所列凌迟、枭示、种诛者，无虑千百，弃市以下万数。④

> 明祖严于吏治，凡守令贪酷者，许民赴京陈诉。赃至六十两以上者，枭首示众，仍剥皮实草。府州县卫之左特立一庙，

① （汉）班固：《汉书》卷五十，《张释之传》，（唐）颜师古注，中华书局，1962，第2310页。

② J. J. L. Dugvendak, *The Book of Lord Shang*, Arthur Probsthain, London, 1928, p. 90.

③ 高亨注译《商君书注译》，中华书局，1974，第59页。

④ 《明史·刑法志》，第2318页。

以祀土地，为剥皮之场，名曰皮场庙。官府公座旁，各悬一剥皮实草之袋，使之触目惊心。①

他让人人惧法，却又设守法之方。大小官吏动辄犯禁，随时可能受重典。其心灵上的恐慌可想而知。凌迟、枭首、刷洗、秤竿②、抽肠、剥皮、挑筋、挑膝盖、锡蛇游、阉割以及黥刺剕劓，其无所不用其极，遂酿成恐怖政治。从这个意义上说，明太祖所说的"礼法，国之纪纲，……建国之初，此为先务"③ 不过是一句谎言。纪纲是为臣民而立的，君主不受此限制。可见明太祖密编文网、刑罚酷滥不过是为了严防"威福下移"，是为了一人把揽天下，并把天下平稳过渡给子孙，是以牺牲他人性命为代价的君主欲"家天下"的极端表现。这是方孝孺断定君主是私心自营非为天下之公的坚实的现实根据。

三　方孝孺批判尚法政治

罗冬阳博士说："将礼治作为王道理想的朝代，必然是一个以刑为治的朝代。明太祖正是从这种礼法文化中为他的'律外用刑'的重典治国等种种措施找到了折服儒士的理论依据。"④ 但史实告诉我

---

① （清）赵翼：《廿二史札记校证》，王树民校证，中华书局，1984，第764页。
② 现代汉语应为撑竿。
③ （明）余继登：《典故纪闻》，中华书局，1981，第5页。
④ 罗冬阳：《明太祖礼法之治研究》，高等教育出版社，1998，第10页。关于明太祖的礼法之治的理想，《明史·礼志》曰："欧阳氏云：'三代以下，治出于二，而礼乐为虚名。'要其用之效庙朝廷，下至闾里州党者，未尝无可观也。惟能修明讲贯，以实意行乎其间，则格上下，感鬼神，教化之成即在是矣。安见后世之礼，必不可追三代哉！"（《明史·礼志》，第1223页）

们，明太祖非但没有折服儒士，反倒同江南士人发生了尖锐的矛盾，引来如潮批评。① 对明太祖尚法的施政方略发出了最典型批判的，带有深刻传统文化反思的就是方孝孺。

方孝孺对明太祖尚法政治批判的动机缘于其亲身经历。其父因空印案于洪武九年（1376）含冤殁于京师；恩师宋濂坐胡党被发配茂州，洪武十四年（1381）自缢于夔州。洪武二十年（1387）仇家构词连及其叔叔方克家。有司录包括方孝孺在内的方氏合家数十口，尽械送京师。虽然太祖见到方孝孺名字特准开释，令侍祖母还，但祖母因此卧床不起，于数月后逝世，叔叔亦死于狱中。忘年好友苏

① 癸丑（洪武六年）八月，漳州府通判王祎上言："人君修德之要有二：忠厚以为心，宽大以为政。昔者周家忠厚，故垂八百年之基，汉室宽大，故开四百年之业。盖上天生物为心，春夏长养，秋冬收藏，其间雷电霜雪，有时而搏击肃杀焉，然皆暂而不常。向使雷电霜雪无时不有，上天生物之心息矣。臣愿陛下之法天道也。"

上手书问刘基曰："元以宽失天下，朕救之以猛。然小人但喜宽，遂恣诽谤。今天鸣八载，日中黑子叠见，卿宜条悉以闻。"其上言以为："雪霜之后，必有阳春，今国威已立，宜少济以宽。"

六年秋八月，上从容谘正字桂彦良以治道。……彦良曰："用德则逸，用法则劳。"

九年叶伯巨上书曰："臣观当今之事，太过者有三：曰分封太侈也，曰用刑太繁也，曰求治太速也。臣观历代开国之君，未有不以尚德缓刑而结民心，亦未有不以专事刑罚而失民心。国祚长短，悉由于此。三代、秦汉隋唐享国之数，具在方册，昭然可观也。"

二十一年夏四月，庶吉士解缙上言："乃国初至今二十载，无几时不变之法，无一日无过之人。陛下尝云：世不绝贤。又云：民不畏死，奈何以死惧之。陛下好善而善不显，恶恶而恶日滋，良由诚信有间而用刑太繁也。尝闻陛下震怒诛锄奸逆矣，未闻诏书褒一大善，赏延于世者也。或朝赏而暮戮，或忽罪而忽赦，陛下每多自悔之时，辄有无及之叹。"见（清）谷应泰《明史纪事本末》，第 199、208~212、219~220 页。

伯衡坐文字狱死，同学郭士渊被谗死，皆直接由于明太祖严苛政策。家道中落，数次与讼，几至于性命不测，又遭断食贫病，这些都造成了方孝孺心理上的极大恐慌。这种对方孝孺来说产生了切肤之痛的严刑苛法，激发了方孝孺反专制思想的政治警觉。他努力认清当时社会的弊病，力图从根源上解决之。方孝孺认定的根源就是君主的私心，他抱着儒者的仁心情怀，以担当天下的精神对其进行纠正。

方孝孺本着儒家君道无为和天下为公的思想，极力反对君主以私心偏智把持天下。方孝孺说：

> 人君不患无才，而患恃其才以自用；不患乎不学，而患挟其学以骄人。……持其偏长小数，以与臣下较铢两之优劣，使才智之士不获尽其所欲为，是曷若不学之为愈乎？①

在方孝孺心目中，理想之君是无为之君，至少是不专制之君。君主不以自我的意志与臣下争具体治务上的是与非，仅为政权之象征。如果人君恃自己有才有学，用自己的意志干涉臣下之施政，那只是持"偏长小数"而已。方孝孺没有赋予君主之智"圣"、"神"的地位而是以现实中的政治人物视之。作为明初著名的儒者，在君主极力提高自己的专制地位时，方孝孺作出如此提法显然具有思想解放的意义。我们还需注意的是，方孝孺批判的立场是本于儒家无为之君的理念。牟宗三先生说："以德为本，至简至易也。此简易无为乃系于德化讲，与道家之无为不同。非必一言'无为'即道家也，儒家德化亦非'无

---

① 《君学上》，《逊志斋集》卷三，第83页。

为'之义。"① 所以方孝孺所讲的无为之君的形象，即孔孟极称的尧舜的盛德与无为而治的形象。非常明显的是，方孝孺在这里所批判的君主就是朱元璋。在方孝孺看来，君主不对臣下放开治权，特别是参议权、决策权，以个人偏智治国，就会导致治国之偏差，酿成众多社会问题。太祖的"纠元世纵弛"、以猛治国、从严治吏等政策都是这种错误的举动导致的。他说：

> 治天下之患，莫甚于矫前世之失而过于中。天下之事可矫也，而不可过也。然矫之急者，必致于过。……盖惩之甚者改必速，畜之久者发之必肆。方其前人之所为，不合乎心，其心悱然，思有以易之未能。一旦据可为之势，力矫其弊，不暇顾理之是非，则所失者愈多矣。②

方孝孺和明太祖一样，认为"天下之事可矫"，但是在矫的方式与方法上，二人产生了极大的分歧。方孝孺认为明太祖"矫前世之失"是"不暇顾理之是非"，"所失者愈多矣"。③ 方孝孺认为明太祖

---

① 牟宗三：《政道与治道》，台北：台湾学生书局，1996，第29页。

② 《汉章帝》，《逊志斋集》卷五，第140页。

③ 太祖洪武初期的治国方略和方孝孺的治国理论是很一致的。如太祖说："仁义者，养民之膏粱也；刑罚者，惩恶之药石也。故为政者，若舍仁义而专务刑罚，是以药石毒民，非善治之也。"（台湾"中央研究院"历史语言研究所校印《明太祖实录》卷六十一，第1185页）"治天下之道，礼乐二者而已，……朕观刑政二者不过辅礼乐为治耳……大抵礼乐者，治平之膏粱；刑政者，救弊之药石。"（台湾"中央研究院"历史语言研究所校印《明太祖实录》卷一百六十二，第2517页）方孝孺也说："治天下有道，仁义礼乐之谓也。治天下有法，庆赏刑诛之谓也。古之为法者，以仁义礼乐为谷，而以庆赏刑诛为盐醯，故功成而民不病。弃谷粟而食盐醯，此乱之所由生也。"［《深虑（转下页注）

最大的失误就在于以刑罚治国。

秦任法而败国。汉初的思想家们通过对这一重大历史教训作系统的总结，得出了马上得天下而马下治天下的结论，即武装开辟向文官守成转变成功是一个朝代长治久安的基本条件。如贾谊说：

> 秦以区区之地，致万乘之势，序八州而朝同列，百有余年矣。然后以六合为家，殽函为宫。一夫作难而七庙隳，身死人手，为天下笑者，何也？仁义不施，而攻守之势异也。①

乱世取天下，必以武力。然武力可为己取天下，亦可为他人取之。此即所谓"攻守之势"可变也。所以新政权成立后，统治者必定要消除武装力量，施以仁政，取天下民心，才能达到长治之目的。后世存在长久的朝代多是此模式。然明初是一个例外。方孝孺生活的明初正是新政权建立、武装开辟向文治守成转变的时期，正是

(接上页注③)论》五，《逊志斋集》第74页〕明太祖说："威人以法，不若感人以心。敦信义而励廉耻，此化民之本也。故羞恶之心生，则非僻之私格；外防之法密，则苟免之行兴。"（台湾"中央研究院"历史语言研究所校印《明太祖实录》卷四十四，第873页）而方孝孺也说："治人之身，不若治其心也。使人畏威，不若使人畏义也。治身则畏威，治心则畏义，畏义者其于不善，不禁而莫能为，畏威者禁之而莫敢为。不敢之与不能，何啻陵谷？"（《杂诫》，《逊志斋集》卷一，第18页）这就意味着明太祖的治国方略的立场有一个从儒到法转变。至于转变的原因，目前学界还没有详实的研究成果。笔者以为，明太祖初期倾向儒家立场是因为他初期经儒生建议得天下，比较重儒，赵翼的《廿二史札记》中专门有"明祖重儒"条，他中后期尚法，是因为担心子孙柔弱，不能平稳掌政。他自己在洪武二十六（1393）年后也迅速终结恐怖政治，说明其尚法的目的在于削除过渡政权的障碍。

① （汉）贾谊：《新书校注》卷一，《过秦论》，阎振益、钟夏校注，中华书局，2000，第3页。

"攻守之势"转变的时期。明太祖非但不以仁义结天下民心，反而倒施逆行，专任刑重法。在方孝孺看来，这种治国方略是十分危险的。

方孝孺大声疾呼"政之弊也，使天下尚法"。① 他说：

> 古之治具五：政也，教也，礼也，乐也，刑罚也。今亡其四，而存其末。欲治功之逮古，其能乎哉？②

在方孝孺看来，五项治具中，政、教、礼、乐均属德治。如果没有政、教、礼、乐的德治，只有刑罚，那么就会以杀止杀、以暴易暴，与追求社会秩序的目的是背道而驰的，并不能带来社会秩序的稳定。所以他说："法制所以备乱，而不能使天下无乱。……不能塞祸乱之本。"③ 甚至刑罚本身也可能导致祸乱："畏极而玩，玩极而怨，有时不畏也。故以刑罚为威者，威既亵而乱生。"④ 盖民众畏刑罚之威有一定的限度，到达一定的限度便产生疲乏现象而至于玩忽，再积之，则不再畏刑。这时刑罚之威尽失，乱因之而生。

明太祖以"防"定义礼、法、刑，意味着如果士民逾"防"，则刑罚必加之。如此观之，太祖礼法之治确有专杀的倾向。刑杀如果丧失了其所要达到的政治目标，就会蜕变成丧心病狂的虐杀。没有目标的刑杀是不会保证稳定的社会秩序的。所以方孝孺说："为治者以法律为功，而不知仁义礼乐为当行，士习益卑，而治效愈下。"⑤ 明太祖

---

① 《杂诫》，《逊志斋集》卷一，第22页。

② 《杂诫》，《逊志斋集》卷一，第17页。

③ 《深虑论》二，《逊志斋集》卷二，第70页。

④ 《成化》，《逊志斋集》卷三，第94页。

⑤ 《与赵伯钦三首》，《逊志斋集》卷十一，第379页。

自己在实行了一段以猛治国的方略后，也曾经无可奈何地向大臣请教："法数行而辄犯，奈何？"[1] 可见方孝孺的批评切中了当时明太祖政治的要害。但方孝孺对时政的批判，非仅植根于社会现实。更有意义的是他凭借儒家之传统，对时政进行了思想根源、纠正方法上的反思。

方孝孺以为明初尚法政治的形成在思想根源上，是荀学造成的。他说："夫欲摈悖道之书而不用，必自荀卿始！何者？其言似是而非也。"[2] 方孝孺如此激烈地反对荀学，必有其深层原因。他说："若荀卿者，剽掠圣人之余言，发为近似中正之论。……及要其大旨，谓人之性恶，以仁义为伪也。"[3] 方孝孺批判荀子思想在于两点："人之性恶"、"以仁义为伪"。为什么方孝孺坚决反对这两点？我们需辨明荀子"性恶论"对社会秩序建构的意义所在。

《荀子·性恶》曰：

> 今人之性，生而有好利焉，顺是，故争夺生而辞让亡焉。生而有疾恶焉，顺是，故残贼生而忠信亡焉。生而有耳目之欲，有好声色焉，顺是，故淫乱生而礼义文理亡焉。然则从人之性，顺人之情，必出于争夺，合于犯分乱理，而归于暴。故必将师法之化，礼义之道，然后出于辞让，合于文理，而归于治。用此观之，然则人之性恶明矣。[4]

---

[1] 《明史纪事本末》，第 209 页。
[2] 《读荀子》，《逊志斋集》卷四，第 125 页。
[3] 《读荀子》，《逊志斋集》卷四，第 125 页。
[4] 《荀子·性恶》。

荀子认为人的天性中就有违背社会秩序的倾向，故称之为"性恶论"。由于假定了人之性恶，这就与社会秩序所要求的人性为善是矛盾的，所以人们要"化性起伪"。"化性起伪"就需要重视礼法制度的建设。荀子云：

> 故性善则去圣王，息礼义矣；性恶则与圣王，贵礼义矣。[1]
> 礼义生而制法度。[2]

荀子之所以反对"性善"的人性假设，而提出"性恶论"，是因为在人性假设所造成的理论后果上，"性善"论使个体可以依靠人自身的努力，无需外在的条件，在伦理上成为自主且圆融的主体，即"去圣王，息礼义"。"性恶论"则不同，因人天性中具有违背"善"的倾向，则必须有相应的外在条件才能达到善的结果。在荀子这里，这个外在的条件就由圣王来主持的礼义法度的制定。所以，"隆礼重法"[3] 则必然尊君。"隆礼义之为尊君也。"[4] 因为在专制社会中，礼法制度建设的动力根源是在君主那里的。进行大规模的礼法建设与尊君是内在一致的。可见在专制的社会条件下，由人之性恶，就能推出"尊君"的结论。

方孝孺极力反对"人之性恶，以仁义为伪"的提法，是因为判定人性是恶的，就会认定在人的天性中没有善的内在依据，从源头上否定了"仁"是一种带有根本性的价值观念。仁，至多不过是化

---

① 《荀子·性恶》。

② 《荀子·性恶》。

③ 《荀子·君道》。

④ 《荀子·君道》。

民的手段与目标而已。性恶论将"仁"定位于"手段",与宋明理学家的看法是一致的。《传习录》中记载得最形象:

> (阳明弟子——引者按)问:孟子从源头上说性,要人用功在源头上明彻。荀子从流弊说性,功夫只在末流救正,便费力了。
>
> 先生曰:然。①

方孝孺反对的"人之性恶,以仁义为伪"正好可用王阳明弟子所说的"荀子从流弊说性,功夫只在末流救正"来解释。"人之性恶"正是"从流弊说性","以仁义为伪",将仁义视为后天习得的,不认为是源头上本有的,那么对人性的纠正,也只能是"末流救正"了。"末流救正"而不是"源头"本有,恰恰给外在的君王、礼法等以合理的地位。

方孝孺为反对荀子的"性恶论",提倡孟子的仁心、仁政学说。他认定人心中天然就有礼、义等"善"性,将"仁"认定为人性的根本价值。他说:

> 人之异于物者,以其知本也。其所以知本者,以其礼义之性根于天备于心。②

显然,此实本于孟子之四端论。其既认定人之性善,则必能推出仁政。"圣人之为仁,非特曰仁而已矣,必有为仁之政。"③ 方孝

---

① 杨国荣导读《阳明传习录》,上海古籍出版社,2000,第288页。
② 《宗仪九首》,《逊志斋集》卷一,第42页。
③ 《深虑论》五,《逊志斋集》卷二,第75页。

儒论述仁政的要点说：

> 谓立天子以为天下，非立天下以为天子，不犹儒者所谓君为轻之意乎？其谓役不得逾时，不犹不违农时之意乎？其谓用人之自为，不用人之为我，不犹舍己从人之意乎？①

由于乐观地认定人心中内含善性，主张仁政者注重被治理者自身的完满发展，反对外在力量的过分管制。所以其强调天子为民而不是治民；而在人性上同样具有善性的臣民不需过多的管制就可以实现已内置于心的社会秩序。可见，性善论强调自我的实现而不是外在的制度约束，故没有给君主专制、礼法等理论上强有力的地位，而是强调其教化的作用。质言之，方孝孺是以仁政学说反对明初的尚法苛政。由此可知，方孝孺之所以力辨"性善"、"性恶论"非只为心性论，更有仁宽之政与暴苛之法之争、民本论与尊君论之争。这表明方孝孺力图从思想根源上对明太祖之尚法政治予以彻底的清算。

本于仁政的儒家传统，面对明太祖无原则的严刑酷杀的恐怖政治，方孝孺具体指出了朱元璋的失误之处。他继承儒家古义，指出法之作用范围：

> 法制所以备乱，而不能使天下无乱。②
>
> 世之为法者，莫不欲禁暴乱贪猾伪盗窃之人，而不能使其不为也。③

---

① 《读慎子》，《逊志斋集》卷四，第127页。
② 《深虑论》二，《逊志斋集》卷二，第70页。
③ 《深虑论》四，《逊志斋集》卷二，第74页。

法制愈详而民心愈离。①

为治者以法律为功，而不知仁义礼乐为当行，士习益卑，而治效愈下。②

方孝孺这里所说的法显然是指狭义的刑罚。刑罚可以应对已经发生的暴乱，所谓"备乱"，这是法的作用。但法不能从源头上消除暴乱的发生，所谓"不能使天下无乱"。这是法的作用的不足之处。单单以法治民，反而造成"法制愈详而民心愈离"；越想以法达到社会秩序井然的目的，反而离目标越远。方孝孺说以刑罚治国是"欲保国之无危，是犹病内铄之疾，而欲求活于针砭"。③ 可见刑罚治国之功能是有限的。单以法治国，显然是不行的。方孝孺以为这恰恰是明祖治国失误之所在。

方孝孺本着"礼禁于未然之前，法施于已然之后"④ 的古义，对明祖的失误进行纠正。他以为礼是正面引导，刑是反面惩罚，为国之道在于礼主刑辅，礼先刑后。方孝孺说：

纲纪相维，名分有秩。礼之为治，析于未萌。不能谨礼，刑措奚能。⑤

刑罚的意义在于"谨礼"，即刑罚存在，在于使社会成员回到社

---

① 《深虑论》二，《逊志斋集》卷二，第71页。

② 《与赵伯钦三首》，《逊志斋集》卷十一，第379页。

③ 《深虑论》二，《逊志斋集》卷一，第71页。

④ （明）曹子纯：《建言时政》，载于（明）程敏政编《新安文献志》，卷七，台湾商务印书馆影印文渊阁《四库全书》，第1375册，第124页。

⑤ 《九箴》，《逊志斋集》卷一，第39页。

会人伦规范中来。方孝孺之所以这样安排礼法的关系，因为方孝孺认为礼义本身是符合人的天性的，而法是与人的天性相悖的。故法不能治人之心，只能治人之肉体，礼来自人之天性，故以礼为治能入于人心。所以以法为治，才会出现"法制愈详而民心愈离"的现象；而以礼为治，会有"仁义礼乐入其心，民虽知可以为乱而不能"①的局面。所以在治效上，二者是非常不同的：

> 治人之身，不若治其心也。使人畏威，不若使人畏义也。治身则畏威，治心则畏义，畏义者其于不善，不禁而莫能为，畏威者禁之而莫敢为。不敢之于不能，何啻陵谷。②

> 化而未萌之谓神，止于未为之谓明，禁于已著之谓察，乱而后制之谓瞀。③

方孝孺认为德治可以感化人心，使人民有所耻而不能为非作乱；刑罚只能恃其威，使人民有所畏而不敢为非作乱。有所耻而不能为非作乱是自动的，不须勉强；有所畏而不敢为非作乱，是被动的，出于勉强。自动的不须勉强，所以可靠而持久；被动而出于勉强，所以不可靠而难以持久。这是因为德治可以形成良俗，各有分际，人民便会要求自己遵守，惟恐违犯，此时刑罚的作用自然减轻了。

面对明太祖援礼入刑、以刑代礼的尚法做法，方孝孺认为需妥善安排好礼法关系。他说：

---

① 《深虑论》五，《逊志斋集》卷二，第71页。
② 《杂诫》，《逊志斋集》卷一，第15页。
③ 《杂诫》，《逊志斋集》卷一，第17页。

昔者舜命皋陶曰：明于五刑以弼五教，周人亦曰：伯夷降
典，折民于刑，岂非礼者刑之本，而刑者礼之寓乎？故礼之与
刑，异用而同归，出乎礼则入乎刑。法之所不能加者，礼之所
取也。春秋圣人用刑之书也，而一本乎礼。①

方孝孺面对洪武恐怖政治，吸收唐以来礼法研究成果，以为礼
是法之本，法的内在精神在于礼，而不是像明太祖那样以刑取代
礼的地位。方孝孺形象地说："古之为法者，以仁义礼乐为谷，而
以庆赏刑诛为盐醢，故功成而民不病。弃谷粟而食盐醢，此乱之
所由生也。"② 仁义礼乐属德教，庆赏刑诛属政刑，一如谷粟，一如
盐醢，对于养生皆为必需。不过有谷粟无盐醢，虽使健康欠佳，但尚
不至于死亡；有盐醢无谷粟，则根本不能生存。可见礼主刑辅则治，
刑主礼辅则乱。这是方孝孺对明太祖的恐怖政治在礼法关系上做出的
回应。

四　圣人之法

方孝孺绝非否定法之价值，也绝对不是主张单纯任用德治。
他说：

言治道者，不求其本。急近功，则谓德不若刑；务教化，
则谓刑不如德。皆近似而不然也。一任乎德，则为恶者苟免；
一任乎刑，则为善者无所容，皆不可以致治。惟本之以德，而

---

① 《魏孝文》，《逊志斋集》卷五，第 175 页。
② 《深虑论》五，《逊志斋集》卷二，第 74 页。

辅之以刑，使恩惠常施于君子，刑罚常严于小人。则宽至于纵，猛不至于苛，而治道成矣。①

仅任乎德，则恶者不能得到惩罚；仅任乎刑，则善者会无辜得罪。在方孝孺看来，这两种方式皆是有失偏颇者。特别是现实的政治，方孝孺认为更是"一任乎刑"。他认为治道在于德本刑辅。所以他力图纠正明初礼的"刑法化"导致的刑罚酷滥，把法拉回到"礼主刑辅"的古义中来，给法律贯以仁义的精神。他继承孟子"徒善不足以为治，徒法不足以自行"②的主张来解说礼与法的具体关系：

> 无法不足以治天下，而天下非法所能治也。古之圣人，知民不可以威服，于是寓革奸铲暴之意于疏缓不切之为。使民优柔揖让于其间，莫不兢然有自重知耻之心，未见斧钺而畏威，未见鞠讯而远罪，潜修默改于闾阎田里之中。③

方孝孺既肯定法的价值，又主张德治。他将理想的礼法关系蕴于他的"圣人之法"的观念中，想以"理想之法"来纠正明初的"现实之法"。他说：

> 圣人之法，常禁之于不待禁之后，而令之于未尝为之先，故法而民不怨。④

---

① 《官政》，《逊志斋集》卷三，第91页。
② 《孟子·离娄》上。
③ 《治要》，《逊志斋集》卷三，第88页。
④ 《深虑论》二，《逊志斋集》卷二，第71页。

圣人之为法，常治于未为之先，使其心自知其非，而不肯为，故为法者不烦，守法者不劳，而民不敢为乱。①

圣人之治，不恃斯民畏吾之法，而恃其畏乎名，不恃其畏乎名，而恃其畏乎义。②

圣人之法在方孝孺看来确实达到了"化于未萌之谓神"的效果，起到了"塞祸乱之本"的作用。那么，"圣人之法"的内涵是什么呢？

首先，方孝孺"圣人之法"有时也用"古之治具"、"先王导民之具"等类似的提法。所以我们也可从这些概念中看出"圣人之法"的内涵。方孝孺说：

古之治具五：政也，教也，礼也，乐也，刑罚也。③

先王导民之具详矣，政教以约之，礼乐以正之，刑罚以威之。④

可见方孝孺所讲的"圣人之法"不是单任"礼"或单任"法"的片面之法，而是政、教、礼、乐、刑罚的综合体。方孝孺认为之所以称之为"圣人之法"，表现在立法上，是以仁义和保护天下之民的公利为指导思想，而非为保护一人、一家之私利专事刑杀之法。他说：

---

① 《深虑论》四，《逊志斋集》卷二，第74页。
② 《治要》，《逊志斋集》卷三，第88页。
③ 《杂诫》，《逊志斋集》卷一，第17页。
④ 《义门诗序》，《逊志斋集》卷十三，第476页。

立法者，非知仁义之道不能。……古之圣人既行仁义之政矣，以为未足以尽天下之变，于是推仁义而寓之于法。使吾法行，而仁义亦阴行其中。故望吾之法者，知其可畏而不犯，中乎法者知法之立无非仁义而不怨。……夫法之立，岂为利其国乎？岂以保其子孙乎？其意将以利民，虽成于异代，出于他人，守之可也。①

方孝孺认为立法不是为了利国，也不是为了保子孙，而是为了利民。方孝孺认为含有仁义和公利的法推行起来必受到民众的欢迎，说："是非好法行也，欲行仁义也。故尧舜之世有不诛，诛而海内服其公，以其立法善而然也。"② 对明初而言，以仁义、公正之意贯于严酷之法，正是最好的改造现实的捷径。这是因为"民晓然知上之法，所以安己也，非所以虐己"③，自然也就会改变对明初严刑酷法的看法。

立法精神精当，必会影响司法。圣人之法中的刑罚的目的不在罚民：

盖刑罚之用，贵乎当，不贵乎重，德盛而善用法者，鞭扑之威过于斧钺。不善用之，虽伤肌肉，溃肢体，而民无所怨。④

善用法者，常民闻吾法之不可犯，而不使民知吾法之果可畏。……欲人之重犯乎法，在于不轻用法于民。吾视杀戮为轻

① 《深虑论》六，《逊志斋集》卷二，第76页。
② 《深虑论》六，《逊志斋集》卷二，第76页。
③ 《深虑论》五，《逊志斋集》卷二，第75页。
④ 《蒲鞭诗序》，《逊志斋集》卷十二，第434页。

刑而数用之，彼将轻吾之杀戮而数犯之矣。吾视笞骂为大辱而生施之，彼亦以笞骂为足耻而避之矣。①

　　刑罚只有适当了，才能体现立法之意。刑罚不是目的，其目的在于教化。所以方孝孺说："圣人之治天下，立法也严，而行法也恕。严者所以使民知法之可畏而不犯，恕者所以使民知刑罚于不得已而不恕。斯二者其为事不同，其至仁义之心一也。"② 方孝孺最终把"圣人之法"归结为人性上的坚实根据。他认为"圣人之法"之所以有"化于未萌之谓神"、"知可以为乱而不能"的神奇效果，根源在于"圣人之法"能收万民之心，他说："圣人之立法，所以收万民之心，而使之萃于一者，治道之极，治功之盛。"③

　　至此，我们可以指出明太祖为什么既不用方孝孺又保护其避免被害于自己的峻法政策了。④ 因为明太祖一方面遵循治乱世用重典的传统共识，他说："朕起兵惩创奸顽，或法外用刑，本非常典"⑤，另一方面以为重典非常典，社会毕竟会归于常态。太祖所谓的常态正是儒家理想的那种治国状态，如前文已表明太祖虽然重视荀子、申、韩之术，但是心目中仍然以儒家的治国理念为最终依归。正是太祖具有这种既认为重典为时代所必需，又认同方孝孺所代表的理念，才称方孝孺为"异才"，"留为子孙光辅太平"。由此也知其必

---

①　《治要》，《逊志斋集》卷三，第88页。

②　《周礼辨疑》，《逊志斋集》卷四，第110页。

③　《睦族》，《逊志斋集》卷一，第45页。

④　《明史·方孝孺传》："为仇家所连，逮至京，太祖见其名，释之。"联系太祖对胡大海之子坚决行刑，其对方孝孺则屈法释之，实为有深意之举动。

⑤　（清）赵翼：《廿二史札记校证》，王树民校证，中华书局，1984，第745页。

知方孝孺之才干，可能由举荐之臣知之，亦可能由宋濂而知，毕竟方孝孺与太子为同门学棣。

太祖重视方孝孺亦可由太祖身后事件证明。太祖殡天，遗令速召方孝孺入京①辅佐建文帝，方孝孺遂一改明太祖的极端专政，推行了一系列温和、利民的变革措施。在对待刑罚的态度上，建文帝说："盖刑乱国之典，非百世通行之道也，……夫律设大法，礼顺人情，齐民以刑，不若以礼。其谕天下有司，务崇礼教，赦疑狱，称朕嘉与万方之意。"② 方孝孺自己也说："暴者，法吏执行刻深，犯者滋众……今上以德养人，群生喜悦，讼者衰上。"③ 这无不预示着方孝孺时代的到来，可惜建文帝与其削藩不利，其一腔热血竟变成千古悲剧。

第二节　"以道事君"与宰相的废立

一　宰相与"以道事君"

孔子从周代"礼崩乐坏"的社会局面中改造过去的"礼乐"文明，赋予"礼乐"新的意义④，创造了"仁"的思想体系，标志着

---

① （明）焦竑：《玉堂丛语》，中华书局，1981，第 137 页。

② 《明史·刑法志》，第 2285～2286 页。

③ 《御史府记》，《逊志斋集》卷十七，第 619～620 页。

④ 关于礼的新意义，荀子说："雩而雨，何也，曰：无他也，犹不雩而雨也。日月食而救之，天旱而雩雩，卜筮然后决大事，非以为求得也，以文之也。故君子以为文，而百姓以为神，以为文则吉，以为神则凶也。"（《荀子·天论》）冯友兰说："古时所已有之丧祭礼，或为宗教的仪式，其中或包含不少迷信与独断。但《荀子》、《礼记》以述为作，加以澄清，与之以新意（转下页注）

儒学的创立。儒学的出现改变了原来以"礼乐"为专职的"士"的精神品性，出现了以道自任之士。① 孔子教导门徒说："笃信好学，守死善道。……天下有道则见，无道则隐。"② 孟子则讲得更为壮烈："天下有道，以道殉身，天下无道，以身殉道。"③ 余英时先生说："以道自任之士怀有这样一种道德理想主义精神：他们已经超越了个体或群体的职业利害关系，发展成对整个社会有近似宗教信仰的关怀。"④ 孟子讲的"无恒产而有恒心者，惟士为能"⑤ 正是这种对社会不计功利得失的类似宗教信仰的关怀的最形象的表达。后世之"先天下之忧而忧，后天下之乐而乐"、"以天下为己任"、"天下兴亡，匹夫有责"等观念均滥觞于此。士之所以对社会价值有如此的担当情怀，就是因为士有"道"作为凭藉。

"道"生发于西周人文政教的礼乐传统，就从总体上决定了

（接上页注④）义，使之由宗教变为诗。""诗对于宇宙及其间各事物，皆可随时随地依人之情感，加以推测解释：可将合于人之感情之想象，任意加于真实之上；亦可依人情感，说自欺欺人之话，……不过诗与艺术所代表非真实，而亦即自己承认其所代表为非真实；所以虽离开理智，专凭情感，而却仍与理智不相冲突。……我们在诗与艺术中，可得到情感的安慰，而同时又不碍理智之发展。宗教亦是人之情感之表现，其所以与诗及艺术异者，即在其真以合于人之情感于想象为真实，因即否认理智之判断，此其所以为独断也。"（冯友兰：《中国哲学史》上册，华东师范大学出版社，2000，第256页）

① 《论语·里仁》：士志于道，而耻衣恶食者，未足于议也。《孟子·尽心上》：王子垫问曰：士何事？孟子曰：尚志。曰：何谓尚志？曰：仁义而已矣。《说苑·修文》：辨然否，通古今之道，谓之士。

② 《论语·泰伯》，《论语·卫灵公》。

③ 《孟子·尽心上》。

④ 余时英：《士与中国文化》，上海人民出版社，2003，第25页。

⑤ 《孟子·梁惠王上》。

"道"是一种安排人间秩序的关怀，即太史公司马谈所说的"务为治者也"①、今人张德胜所说的"秩序情结"。②士怀有这样一种精神凭藉，去批判现实政治权势和政治活动，反映在儒家理论中就是出现了所谓"德"与"位"、"道"与"势"、"君、师、友"命题讨论。③这种"道高于势"的批判理性，在天下分崩、权势离析的春秋战国时期尚有可存、可行之处，至少批判者人身是相对安全的。因为当时社会处于分裂动荡时期，各国君主尚需有一套源于礼乐传统的意识形态来增强权力的合法基础和整合社会力量。而且，对立政权也可让"道"有生存的缝隙。

然而秦一统天下之后，统一的政治权力笼罩社会生活的方方面面。任何有异于朝廷意识形态的见解都可能为当事人招来杀身之祸。"焚书坑儒"就是统一政权整顿思想界的第一次政治运动。社会状况变了，儒家"德"、"位"关系，"道"、"势"关系的传统命题要想生存，必须在新的政权形式下寻找到新的生命力。质言之，行道必有其新的政治"搭挂处"，而不能再以天下分崩时期的"德"、"师"、"友"自尊了。面对秦汉一统的政治现实条件，儒家经过百年争取学派主导地位的实践，发现在"大一统"的时代最理想的行

---

① （汉）司马迁：《史记》卷一百三十，《太史公自序》，中华书局，1959，第3288~3289页。

② 参见张德胜《儒家伦理与秩序情结——中国思想的社会学诠释》，台北巨流图书公司，1989，第157~160页。

③ 如《孟子·万章下》：以位，则子君也，我臣也，何敢与君友也；以德，则子事我者也，奚可以与我友。《孟子·尽心上》：古之贤王好善而忘势。《中庸》：虽有其位，苟无其德，不敢作礼乐焉；虽有其德，苟无其位，亦不敢作礼乐焉。

道之位莫过于宰相（丞相）。虽然儒家学派产生的第一个丞相公孙弘落得个"曲学阿世"的恶名，但其人其事确实给了后世儒者一缕新型道势关系的曙光，即"道德相"与"政治王"新型得君行道的方式。①

宰相（丞相）在儒家思想中有极其重要的地位，因为他"佐天子，总百家，治万事"②的功能正是儒家"以天下为己任"的践履精神的最佳表现。后人熟知的道统中，尧、舜、禹、汤、文、武、周公中六人为帝王，一人处于后世类似之宰相的地位，在儒家看来，历史中曾经出现过大臣得君行道的现象，故孔子有大臣具臣之争，以"大臣"指称后世所谓的宰相。《论语·先进》曰："所谓大臣者，以道事君，不可则止。"朱子注曰："以道事君者，不从君之欲。不可则止者，必行己之志。"③方孝孺对孔子这一言论解释说：

> 季子然以冉求、仲由为大臣，孔子忿然争之。若二子之才，鲁之诸臣莫及也，苟为大臣，未见其为过，而孔子慎而不许。盖才如仲由、冉求而以为大臣，则伊尹、周公将曷以名之乎？

---

① 关于"道德相"与"政治王"的提法，儒家虽然一贯主张将君主德化后推行德治，但大一统时，政权家族私有，继承政权的君主参差不齐，很难符合儒家道德的标准，故有的学者只视其为政权的握有者，即"政治王"。而大一统中的宰相，往往是学而优则仕者，是儒家文化的优秀信徒，故可称为"道德相"。参见杨海文《〈孟子节文〉的文化省思》，《中国哲学史》2002年第2期，第112～118页。

② （宋）欧阳修、宋祁：《新唐书》卷四十六，《百官志》一，中华书局，1975，第1182页。

③ （宋）朱熹：《四书章句集注》，中华书局，1983，第129页。

伊尹、周公，大臣也，则二子非其类矣。①

方孝孺将孔子的"大臣"归于先秦时期像伊尹、周公这样的"独相"，可见儒家所讲的"以道事君"首先是宰相一级的大臣从政原则，然后才是普通官吏秉持的精神。所以后世论宰相多以之为助天理民的助手，天、道的代表者之一。汉代丞相陈平说："宰相者，上佐天子理阴阳，顺四时，下育万物之宜。"② 宋代司马光说："凡宰相，上则启沃人主，论道经邦；中则选用百官，赏功罚罪；下则阜安百姓，兴利除害，乃其职也。"③

关于宰相是先秦儒家"道势关系"和"以道事君"等政治批判思想的延续，我们还可以从唐代李华的言论中得出明确的结论。李华《中书政事堂记》曰：

> 政事堂者，君不可以枉道于天，反道于地，覆道于社稷，无道于黎民，此堂得以议之。④

政事堂是唐代宰相的办公场所，该《记》把宰相的工作内容与工作方式揭示得十分清楚：宰相所侍奉的对象是君，以议"道"为内容，以"以道事君"为工作方式，以匡正君王来实现天、地、人三界之道。此政治模式为后世所承延，宋、元皆如此，尽管宰相的

① 《释统上》，《逊志斋集》卷二，第60页。
② （汉）司马迁：《史记》卷五十六，《陈丞相世家》，中华书局，1959，第2061页。
③ （宋）李焘：《续资治通鉴长编》卷四百三十一，上海师范大学古籍整理研究所、华东师范大学古籍整理研究所点校，中华书局，1992，第10411页。
④ 李华：《中书政事堂记》，载于《全唐文》卷三百一十六，中华书局，1983，第3202页。

名称与机构有所变化。这一制度更是得到了历代众多儒士的支持。以宋代为例，一旦儒林所认同的人选登上相位，士大夫则会发起实现儒家政治理想之改革浪潮。① 这更表明了宰相在"以道事君"理念中的重要性。因为宰相背后有一个庞大的士大夫阶层，他们拥有丰富的知识，以儒家思想（道）作为共同的信仰与行为准则，因而也更具有群体意识与整体性。他们有能力、有实力"以道事君"。所以君权、相权的关系注定继续"扮演"着过去"势与道"的关系。因而"以道事君"也就注定是"以道限君"，即形成道德权威向政治权威分权的政治模式。因此，"以道事君"，也就注定了君权与相权在权力世界中总是处于批评与被批评的状态中。日本学者和田清说，中国历史上的宰相或中枢机构往往以皇权为中心，呈波纹式循环产生②，就是相权批评君权所造成的结果。这是因为相权虽然受君权支配，不断地转换其机构与名称以期弱化甚至消灭之，但相权不绝如缕，顽强地存在，恰恰是其背后"道"的生命力顽强的表现。

从政治制度看，宰相及其制度的存在使政治权力形成了君——相——臣的结构。如此结构，让宰相可以上以道事君，下以道延领群臣。荀子说："相者，论列百官之长，要百事之听，以饰朝廷臣下百吏之分，度其功劳，论其庆赏，岁中奏其成功，以效于君。"③ 从对上的方面言之，宰相是君权有限性的保证，是防止君权扩张的最大屏障。从历史上君权与相权的斗争来看，皇权往往代表个人

---

① 参见余英时《朱熹的历史世界——宋代士大夫政治文化的研究》（下篇），台北允晨文化实业股份有限公司，2003，第181～304页。

② 参见余英时《中国思想传统的现代诠释》，江苏人民出版社，2003，第83页。

③ 《荀子·王霸》。

的意志，相权则代表士林的公正。相权如能总领百事，则君权会处于无为状态，这非常符合儒家理想的"无为"之君的模式。《大戴礼记》记孔子言论说："昔者舜左禹而右皋陶，不下席而天下治。夫政之不中，君之过也；政之既中，令之不行，职事者之罪也。明主奚为其劳也。"[①]《新序》说："故王者劳于求人，佚于得贤。舜举众贤在位，垂衣裳，恭己无为，而天下治。"[②] 秦汉后，天子传位以亲，宰相得位以贤。后世宰相制度中的"以道事君"理念是与儒家"无为而治"的理念结合在一起的，这使得儒家认定宰相制度为一种理想的、可以得君行道的分权制度。

二 明太祖废相

明代之前，君权与相权内在关系虽有些紧张，然不至于一方吞并另一方。但到了明初，朱元璋废止了宰相制度，实现了君权吞并相权。后世学人皆称其为政治上的巨变。如钱穆先生说："中国传统政治，到了明代有一大改变，即是宰相之废止。"[③] 孟森先生也说："是为千余年来政本之一大改革。"[④]

洪武十三年（1380）正月癸卯，朱元璋下诏：

> 自古三公论道，六卿分职，并不曾设立丞相。自秦始置丞

---

① （清）王聘珍：《大戴礼记解诂》卷一，《主言》，王文锦点校，中华书局，1983，第3页。

② （汉）刘向编著《新序校释》卷四，《杂事》，石光英校释，陈新整理，中华书局，2001，第473页。

③ 钱穆：《中国历代政治得失》，生活·读书·新知三联书店，2001，第104页。

④ 孟森：《明史讲义》，上海古籍出版社，2002，第70页。

相，不旋踵而亡。汉唐宋因之，虽有贤相，然其间所用者多有小人，专权乱政。今我朝罢丞相，设五府、六部、都察院、通政司、大理寺等衙门分理天下庶务，彼此颉颃，不敢相压，事皆朝廷总之。所以稳当。以后子孙做皇帝时，并不许立丞相。臣下敢有奏请设立者，文武群臣即时劾奏，将犯人凌迟，全家处死。①

此条资料为《明史》、《明史纪事本末》等所载，文字只是大同小异耳。《续通典》更为详细地记述了这一重要历史变革的来龙去脉：

明太祖建官之始，皆承前制。设中书省，置左右相国，以李善长为右相国，徐达为左相国。后命百官礼仪俱尚左，改右相国为左相国，左相国为右相国。寻又改为左右丞相。置平章政事、左右丞、参知政事等官以统领众职。洪武九年，汰平章政事、参知政事等官。十三年正月，革去中书省，尽罢其官。置四辅官，位列公、侯、都督之次，寻即汰罢，分其权于六部。……二十八年，敕谕群臣，国家罢丞相，设府部院寺以分理庶务，立法至为详善，以后嗣君其毋得议置丞相，臣下有奏请设立者，论以极刑。②

---

① 朱元璋：《皇明祖训》，载于《四库全书存目丛书》编纂委员会编《四库全书存目丛书》，齐鲁书社，1996，史部第264册，第167页。另参见孟森《明史讲义》，上海古籍出版社，2002，第70页。

② （清）嵇璜、曹仁虎等：《钦定续通典》卷二十七，《职官三》，载于台湾商务印书馆影印文渊阁《四库全书》，第639册，第361～362页。

明太祖从洪武九年开始整顿中书省，二十八年才定为永制，中间相隔近20年，可见其积虑之多、用心之深、措施之谨慎，绝非一时兴起之举。如此大的措施，实际上是明太祖对元末的"权臣擅权，威福下移"在制度建设上的回应。在明初王朝初建、天下易生反侧的情况下，明太祖消除造成前代灭亡的因素也是有相当的合理性的。在明太祖看来，要想从根本上消除中国传统政治上的"权臣"现象，最有效的方法莫过于消除产生"权臣"的制度。而中国传统政治体制中已经延续千年的宰相制度在明太祖看来恰恰是历代"臣擅君权"的渊薮所在。基于此，太祖才做出了千年政治制度上的大变革。但是废相，首先要做的就是改变士人心目中对宰相的定位。为配合废相的改革，明太祖在意识形态上做了调整。洪武"二年（明太祖——引者按）诏孔庙春秋释奠，止行于曲阜，天下不必通祀"。洪武二十七年其又作《孟子节文》，将不利专制的八十五章删除，以此作为废相的舆论前奏，以便消除士人的思想独立性与政治主体意识。①

明初此种政治制度变革矫枉过正，实际上造成了"主擅臣权"，君权极度膨胀以至于吞并相权。这是中国极端专制主义的首次出现，正所谓"事皆朝廷总之"、"皆上裁之"。这破坏了儒家历来"以道事君"的思想和君相分权的制度，与儒家政治传统有诸多不合之处，亦激起了当时儒家知识主体——江南士人的激烈批评。其中方孝孺

---

① 《明史·钱唐传》，第3991～3992页。杨海文：《〈孟子节文〉的文化省思》，《中国哲学史》2002年第2期，第112～118页。杨文将洪武二十七年的《孟子节文》事件与洪武二十八年将"废相立为永制"联系起来，以为《孟子节文》是废相的舆论前奏，实为学界难得之见。

对洪武废相的批判是对政治传统的深刻反思，具有典型意义。

三　方孝孺论立相

方孝孺一针见血地指出明太祖政治制度改革的内在心理动机：惩元世政事之弊，以防止其出现在本朝，特别是防止其危害洪武帝之后世子孙。方孝孺以为，这是典型的以一己之偏智为政，必失于中正平允。他说：

> 盖惩之甚者改必速，畜之久者发必肆。方其前人之所为，不合乎心，其心悱然，思有以易之而未能。一旦据可为之势，力矫其弊，不暇顾理之是非，则所失者愈多矣。①

以矫世之心态为政，已失公允，必有所失。积之愈久，矫之愈急；矫之愈急，失之愈多。明太祖立国之初继承元制，观察至洪武九年而后改，此为"畜之久者"，力图消除元人"权臣"产生之基础，此为"惩之甚者"，如此又经十五年而定为永制，可见其力矫其弊用力之久。然在方孝孺看来，废相之事在源头上就已经错了，故纠之越多，失之越多。方孝孺大谈汉光武废相之失以喻明初之政改：

> 乘舟而渡水，时有覆溺者，终不以一溺而废舟。……前汉王莽之篡，在乎元、成失道。上无明主下无正臣，故莽得恃太后之势，而行篡窃之计。非以三公辅相委任之权太重而然也。光武过惩其弊力矫之。不任三公以事，而政归台阁，其后遂成

---

① 《汉章帝》，《逊志斋集》卷五，第156页。

宦寺之祸，而汉率以此亡。光武以为莽之得成其篡者，权太重耳，今吾夺其柄，则其害可除矣。孰知宦寺之祸反有甚于辅相者乎？此不熟究其大小缓急之故也。夫莽之篡，以母后临朝，外戚预政而致然，岂委任太专之罪哉？光武能著为令典，藏之宗庙，俾后嗣有幼君在位，当选厚德大贤之士，为三公以辅之，而不许母后外戚临预政，则其害可以息矣。不此之思，而惟罢三公之制，宦寺之兴始于此矣！①

以古喻今为古人论政方式之一，方孝孺在此大论东汉废相之弊，其中深意在于讽明代废相之政改，以明前车之鉴。方孝孺认为东汉王莽篡权，原因在于元成失"道"，即"上无明主下无正臣"，"母后临朝，外戚预政"所导致的结果，并不是王莽本人身任三公之一，天子委任之权过重所导致的结果。光武帝废除掌相权的三公，将相权实际上委于宫内台阁文书宦官，是没有"熟究其大小缓急之故"，是纠正错了。其应该纠正"元成"之失道，他却没有，反而将本来与王莽篡位无太大关系的三公革除。外无三公"以道事君"，内有宦官柄相权，导致了"宦寺之祸"。历史总是以相似的面目出现。方孝孺以为废相必然导致宦官专权，这种情况果然在明代出现。参照明代宦官之祸的根源，正是方孝孺所预测的外无"以道事君"之相，内有宦官柄相权。方孝孺以为有道的"厚德大贤之士"任相，是"宦官专权"的最好解决办法，可谓对明代政制之失有先见之明。

方孝孺认为明太祖废相的心理根源是其私心。朱元璋废相后，

---

① 《东汉》，《逊志斋集》卷五，第155页。

真正实现了"政归一人"、"朕其国家"的极端专制主义，完全做到了一人把持天下。这与儒家传统的"天下为公"的理想不符，也与"与士大夫共治天下"的传统不合。方孝孺认为朱元璋以私心而废相有一系列的弊端。他说：

> 奚必使其一出于己而后为政哉？三代以降，昏主败国，相寻于世者非他，皆欲以私意更其政，而无公天下之心故也。舜继尧，未尝改尧之政。禹继舜，守舜之法而不敢损益。汤之继桀，武王之继纣，反桀纣之所为，复之于禹汤之旧，损益之而已，未尝敢以私意为之也。以私意为天下者，惩其末，而不究其本也。①

与方孝孺所说的尧、舜、禹相比，朱元璋显然是以私意为国。方孝孺以为，为君之道在于不能有私心，而在于"公天下之心"。后世君主败国陨姓都是以私心把持天下更改政体的缘故。古之圣人为政成功之处亦在于"未尝敢以私意为之也"。以今日政治学观之，"公天下之心"，是指从政治、文化上调节和约束皇权，使之在一定程度上超脱"一己"、"私"的局限，代表整个统治集团的利益和"公平"要求，客观上体现出一种"公共权力"的精神，而不沦为满足一己私利的工具。方孝孺称"以私意为天下者，"只能得"道"之末，"而不究其本也"，其意正在这里。而"公天下之心"首要表现在任人，即为政在于分权，而非明初"政出于一人"的集权。他说：

> 君人者能正一身以临天下，择世之贤人君子，委之以政，

---

① 《深虑论》三，《逊志斋集》卷二，第72页。

推之以诚，而持之以礼，烛之以明，使邪佞无所进其谗；信之
以专，使便嬖不得挠其功；簿书之事不使亲其劳，狱讼之微不
使入其心，惟责之以贤才。①

古之圣人明道以胜私，使其心海受而天覆，用其善不计其
他，取其智不忌其功，任其力不夺其功，恭默南面，若无能然。
举世之贤才咸为之尽，而莫敢负之。夫能使贤才皆为己用，则
其所为，与出于吾心何以异乎？②

考太祖废相集权之后，有人统计八日之内，太祖所读之公文达
1160件，太祖又任法，以猛治吏，故阅读公文与理讼为其日常生
活③，方孝孺却说阅卷牍、理刑狱非君之职，"惟责之以贤才"，由
此推出君臣之道。他认为君之职在任人，任人之道在于君无为、臣
有为，而非洪武时的君夺臣职，忌臣功。所谓"任人以位，而不假
之权，犹不任也。假之权而不用其言，行其道，犹无权也"④，实是
当时大臣尴尬境地的反映。

方孝孺不但正面讲述君之公心的政治措施，还从反面论述私心
之君所造成的政治弊端。君私心则会任用私智，则君可能败于臣。
方孝孺说：

夫苟自恃其聪明，未有不败于其臣者也。盖恃则自盈，自
盈则耻闻过，耻闻过，则人不告之以善，而见闻日狭矣。见闻

---

① 《深虑论》九，《逊志斋集》卷二，第80页。

② 《娄敬》，《逊志斋集》卷五，第148页。

③ 钱穆：《中国历代政治得失》，生活·读书·新知三联书店，2001，第106页。

④ 《黄霸》，《逊志斋集》卷五，第154页。

既狭，于是奸谀之徒谬为卑谄，以媚适将顺之于内，而窃其威柄，妄行赏怒于外。是国家之大权潜移于下，而祸乱乘之以起，皆自恃其聪明之出也。①

好为聪察则不然，以为群臣举不足信，而必欲使天下之事皆由己出。故往往流为苛细深刻，而亦卒底于亡。此非不能为政也。不知为君之道者也。夫为君而不能任人，是犹御而不能辔，匠而不能斫也。用力虽至，而不能成功。任人而不得其人，犹辔而不以丝，斫而不以斧也。②

以个人之智为政，则必排斥他人意见，由是而失去兼听之信息来源，故会造成决断失当，威福下移，祸乱以起。然私心之君主亦知晓此中之弊，其纠之法必是"好为聪察"，然以私心"好为聪察"则怀疑所得的为政信息的真实性，故往往事必躬亲，于"聪察"上亦求"苛细深刻"。方孝孺说这是不知怎样做君主的表现。在方孝孺看来，为君不能任人，犹如车夫不能驾车、木匠不能分木一样，虽然百倍辛劳，却无丝毫功效，而废相当然是不能任人的最大表现。

朱元璋以雄才性格登大位，考虑身后嗣君过于柔弱，故废相以集权，立为永制，以消除权臣篡君权的可能，有其历史合理性。然在士人精神领袖方孝孺看来，朱元璋私心过重，纠前世之弊过甚，非但不能平稳地使政权传世，而且有可能有祸乱因之而起。方孝孺在对比了废相的利弊后，基于儒家"以道事君"、"得君行道"的思想坚定地主张复立宰相。他说：

---

① 《深虑论》八，《逊志斋集》卷二，第79页。
② 《深虑论》九，《逊志斋集》卷二，第80页。

> 宰相之职，上有以格君，下有以足民。使贤才列位，教化行乎时，风俗美于天下，伦理正而礼乐兴，中国尊而夷狄服，有生之伦各逐其姓，而无乖庚斗争，则可为尽职矣。①

> 宰相者上以佐天子，中以和百官，平阴阳，抚夷狄，而下以养兆民……然有道者处之。②

与朱元璋"政出一人"的主张相反，方孝孺说，宰相对上以道事君，辨别百官之才，使百官各得其位，并对天下的风俗、伦理、华夷关系负责。对谁来出任宰相这个问题，方孝孺强调说，"有道者处之"。宰相之职在方孝孺眼里实为推行儒家理想官位。所以当有人说唐代宰相张九龄在位之时，能使玄宗无过、太子不废、小人困不得志；九龄遭贬，而唐纲纪大坏几至亡国，九龄是古所谓大臣时，方孝孺说：

> 古之大臣，正其身以为天下准，不可以位拘，不可以恩狎。立乎朝廷，而君不敢为非义，邪佞畏伏而不可肆。侍之以礼则留，外貌少衰则引而去之。其决于去就，非不欲行道，为欲行道，故必审于去就也。③

在方孝孺看来，得君、得位在于行道，而非为君、为位也。方孝孺眼中的宰相，慨然以大下自任，政治主体性鲜明，正是为天下负责而非为君负责的宰相。针对明太祖以古代六卿分职作为废相之

---

① 《丙吉》，《逊志斋集》卷五，第152页。
② 《公子对》，《逊志斋集》卷六，第210页。
③ 《张九龄》，《逊志斋集》卷五，第188页。

根据，方孝孺借讨论《周礼》六官制度，大发复立宰相之论：

> 书之周官言六卿之职美矣。冢宰者，治之所从出也。宗伯典礼，司马主兵，司寇掌禁，司空掌土，皆听于冢宰者也。冢宰，治之本，天下之大政宜见于冢宰。①

方孝孺写《周礼考次目录序》是在洪武二十五年（1392）②，在明太祖废相十余年后。他以理论探讨的方式说"冢宰，治之本"，"大政宜见于冢宰"，可知他主张复立宰相。他以回归周公之意的主张，亲自设计了一种宰相分权制度。他说：

> 余喜读《周礼》，忧周公之心不明于后世。以书周公之言为准，考六卿之属更次之。自宗伯归于冢宰者五，自司马归者三，自司寇归者二，合宫正以下者五。③

为了使"大政宜见于冢宰"，方孝孺遍引诸经以论证冢宰为首的相权，实为明代知识分子反对废相的先声。而后，直到明末清初还有人以此为重点研究对象，如黄宗羲说"有明之无善治，自高皇帝罢丞相始也"④，而专作《置相》篇来研究如何设相。由此我们亦可得之，在立相与废相的对立上，实则内含德治与刑治的对立、以天下为公和以天下为一家之私的对立，这正是儒家"王霸之辨"、"天

---

① 《周礼考次目录序》，《逊志斋集》卷十二，第 421 页。

② 《方正学先生年谱》。

③ 《周礼考次目录序》，《逊志斋集》卷十二，第 922 页。

④ （清）黄宗羲：《明夷待访录》，《置相》，中华书局，1981，第 7 页。以下引该书均出自此单行本，仅注书名与篇名。

下为公"思想在宰相问题上的反映。

第三节　小结

　　本章通过系统分析明太祖的礼法观念，认定明太祖之所以在明初推行严刑酷法，是因为他援礼入法，将礼刑法化了。方孝孺基于儒家思想和历史传统，认为明太祖尚法的思想根源在于荀学。为了纠正其尚法的倾向，方孝孺提出了圣人之法的概念。他认为圣人之法以人民利益为准，司法以礼乐教化与政刑并重。

　　针对朱元璋废相这一事件，方孝孺基于儒家"以道事君"的思想，认为宰相是大一统时代"以道事君"的官位。朱元璋废相是出于以一姓之私利把持天下的私心。方孝孺综合分析了废相的利弊，认为政治要想清明有道，必须复立宰相。

第三章
"天"与"势"对立中的君主论

第一节 方孝孺"君主思想"的历程

笔者在导言中讲过，方孝孺之所以激烈地批判社会，甚至在理想受挫后勇于就死，皆源于其内在的思想，而绝非一时的冲动。刘宗周称之为方孝孺"一死"与"一生苦心"的关系。那么导致方孝孺殉难的思想主要有什么内容呢？笔者通过分析，认为是方孝孺一生最关注的君主问题以及与之相关的民生问题，其中蕴含着他的社会理想。但是限于上几章的主题，笔者没有对方孝孺君主思想的形成进行历史的考察。只有明了了方孝孺行为动机的产生过程，继而明晰方孝孺思想生成的过程，才能奠定准确理解方孝孺思想的基础。

方孝孺之所以关注君主与民生问题，将人生理想蕴含于其中，这与方孝孺的出生环境和专制社会的特质有极大的关系。元至正十七年，一个干戈扰攘的动乱年代，方孝孺出生于元末方国珍、张士成、朱元璋等割据势力必争之地——台州宁海。其出生前后割据战还在如火如荼地进行着。年轻时期的方孝孺亲眼看见了杀人如麻、血流漂杵的场面。明朝定鼎金陵，天下士民以为休养生息的和平时代到来了。但是与百姓的期望相反，明太祖又以苛法奴视、扰动天下士民。方孝孺本人及其家庭就是这种政策的直接受害人。可以说，"方孝孺是不折不扣底在兵祸、战火、暴力、苛政之下，过了一生"①。

处于干戈扰攘的乱世，士大夫之人生处世态度一般有二：其一是避乱世而自得其乐。有一定的物质生活安其身，再有学术文章游其心，士大夫就可以甘心自老于山林，于世间生民之疾苦不闻不问。明初的士大夫多选择这种态度②，孔子也曾说："天下有道则见，无道则隐。邦有道，贫且贱焉，耻也；邦无道，富且贵焉，耻也。"③ 其二是面对乱世迎难而上，慨然以经世淑民为志业。方孝孺恰是这后一种人。"他天天看见兵匪横行，生民涂炭，更亲自领略到统治者之以暴易暴而不自知其非，同社会之土崩瓦解而几难自存，能不从根本上探讨乱世之源，更从制度上筹划安天下之事吗？孔子见乱臣贼子横行而作春秋，孟子睹杀人城野，而倡民贵君轻、善战服刑之说。方氏遭遇之乱世过于孔孟之时，所以他的政治学说都是语重心长，充分表现出他的操心之危虑患之深。"④ 而方孝孺操心最危、虑患最深的就是君主问题。这就是他挖掘到的专制社会的"乱

---

① 沈刚伯：《方孝孺的政治学说》，台北《大陆杂志》1961 年第 22 卷第 5 期，第 133～138 页。

② 明初士风以不仕为高。参见钱穆《中国学术思想史论丛》（六），台北三民书局股份有限公司，1993，第 77～146 页。

③ 《论语·泰伯》。

④ 沈刚伯：《方孝孺的政治学说》，台北《大陆杂志》1961 年第 22 卷第 5 期，第 133～138 页。

世之源"。

一 改造君权思想时期

方孝孺能超脱当时的士风而慨然以经世为志业，首先在于他秉承了其父的庭训。其父方克勤虽生逢乱世，然颇显儒家以生民为虑的真精神。方克勤在元末大乱时为家乡父老考虑，荐上防盗、剿盗策；明兵初定台州，又欲上国家兴亡之策数千言未成。洪武四年至八年（1371～1375），方克勤出任济宁知府，历任三年，省考为诸府之最，是明初历史上最著名的循吏。① 方克勤还是元末明初绍述考亭最著名的学者之一。他能成为出仕为民的循吏，也是稍展其儒家抱负的结果。洪武四年至八年（1371～1375），方孝孺随侍父亲，亲眼看见了他父亲爱民亲民的活动，在年青的心灵中埋下以生民为虑的种子。所以，方孝孺能在年青时代就"甫有知识，辄欲以伊尹，周公自望，以辅明王，树勋业自期"②，主要是受其父影响无疑。

方孝孺从父时期，即洪武四年到洪武八年（1371～1375），方孝孺十五到十九岁时，是其思想的奠定时期。这一时期方孝孺具有代表性的作品有《释统》三篇、《后正统论》一篇、《深虑论》十篇。在这一阶段，受其父出仕于明的影响，年轻的方孝孺真诚地拥护明政权，所以他认真地思考明政权所面临的挑战。他认为明天下初定，首要的任务在于稳定社会政治、经济、文化秩序。要稳定这些秩序，

① 《明史·方克勤传》，第7187～7188页。另见《先府君行状》，《逊志斋集》卷二十一，第736页。

② 《茹茶斋记》，《逊志斋集》卷十五，第556页。

首先要稳定政权，以防止天下大乱再现。稳定政权就要解决政权的内忧外患。方孝孺考察当时明政权面临的最大的挑战有二：一是来自残余蒙古势力的武力威胁；二是久居元治之下的知识分子不与明政权合作。他们或为亡元"西山守节"而"不仕二姓"，或隐居山林，不问世事，甘心终老于江湖。

此一时期，元顺帝虽然已退居漠北，但仍然雄踞着东北和西南等广大地域，整体实力依然十分强大。故明自建国之初，即长期对漠北用兵。方孝孺在济宁期间亲眼见到大批士兵和军需物资北上，逼得父亲焦头烂额。① 然军事非此时方孝孺一个年轻书生所能深知，故这一问题他没有深切关注。方孝孺当时更为关注的是士林的状况。当时士人普遍不乐仕进，造成了明初行政人才的极度缺乏和整体素质的低下。方孝孺认为这主要是士大夫缺乏民族意识，以"元朝"为正统王朝造成的。他说：

> 俗之相成，岁薰月染，使人化而不知。在宋之时，见胡服，闻胡语者，犹以为怪。主其帝而虏之，或羞称其事。至于元百年之间，四海之内，起居饮食，声音器用皆化而同之。斯民长子育孙于其土地，习熟已久，以为当尔。②

> 宋德佑景炎之后，缙绅先生往往窜匿山谷，或衰麻终其身，或恸哭荒江断垄边，如失考妣，而不复有荣达之原者，多有之。及其世久俗变，然后竟出而原立其朝。……呜呼，斯理（华夷之辨——引者按）也，见于孔子之《易》、《春秋》者详矣。学

---

① 《先府君行状》，《逊志斋集》卷二十一，第741~742页。
② 《后正统论》，《逊志斋集》卷二，第65页。

者不深考，至于弃君背父，陷于夷狄，而不自知道之不明，其祸如是其烈也，可畏也！[①]

元朝统治中原百年，中原习俗尽为胡风所染。一般百姓已经习惯于胡服、胡语，以为当然，而不复知华夏衣冠之美。更为严重的是，元朝统治时间既久，士大夫也放弃了华夷大防，出仕元廷。即使是未出仕的读书人，也视元为正统。所以当时的士人，视明之代元，与之前的改朝换代无异，故为元守节、不乐仕进也自有其情理。迫于当时士人思想状况的压力，引导世人改变对新生政权的看法，明政权不得不承认元的正统地位。[②] 这是元政权在文化上对明政权实实在在的威胁。方孝孺认为要彻底消除蒙古的威胁，稳定新生的明政权，必须扭转士大夫的这种观念。于是方孝孺抓住元、明两代政权更替不同于历代更替的地方在于其民族问题这一点，秉持孔子的华夷观念，以宋元之际宋代士大夫的表现为榜样，以唤醒元明之际士大夫的民族意识与正统观念，作《释统》、《后正统论》等文，将历代政权以得位之不同分为"正统"与"变统"，特别强调像元朝这样的夷狄政权绝对不可以入正统，以唤醒汉族士人对本民族政权的认同。

但是仅扭转士人的民族意识是不够的，即使士人认清华夏文明与元朝草原文化之间的不同，也未必就认同新生的明政权。以彼为非，未必以此为是。此时问题的关键不仅在于士人有无民族意识和气节，更在于新生政权的知识分子政策是否得当。明太祖之所以迟

---

① 《题桐卢二孙先生墓文后》，《逊志斋集》卷十八，第653页。

② 参见罗冬阳《明太祖礼法之治研究》，高等教育出版社，1998，第35页。

迟得不到知识分子的拥护，主要是其在文官制度上的失误造成的。明初士人视仕宦如畏途，主要原因在于明代知识分子政策的失当，在于刑罚过于严苛。方孝孺于是撰《深虑论》十篇来解决这一重大问题。《深虑论》的基本观点，就是要建立稳定的社会秩序，关键在于实施根源于人性的仁政。方孝孺说：

> 有天下者常欲传之于后世，而不免于败亡者，何哉？其大患在于治之非其法，其次则患守法者非其人也。民心难合而易离，譬之龙蛇虎豹然，欲久畜之，必先求其嗜欲好恶喜怒之节，而勿违其性。使性安于我，而无他慕之心，然后可得而畜也。既不失其性矣，犹恐后之人，未能皆若吾之用心专且劳，于是立为畜之之法，而著之于书。曰：如是则可以久畜，如彼则将逸去而不可禁使后世虽庸夫小子能守吾法而不变，亦可以畜之而不失，此创业者之责也。①

此时方孝孺最重"制度"建设。究其原因，盖在于蒙古以游牧民族入主中原，百年之间，无系统的制度建设，孟森先生就说元最无制度。② 明代元兴，重建制度成为当时思想界和上下官员的共识。此为大势所趋，必也影响方孝孺，使得方孝孺不像以往的儒家政论家那样，视野仅局限于政治人物的权力与道德关联而不关注制度建设。但不同于明太祖以酷法为制度建设的中心，方孝孺制度建设的内在精神是以儒家仁政为基础的。他关注制度建设是为了解决刑罚

---

① 《深虑论》四，《逊志斋集》卷二，第73页。
② 参见孟森《明史讲义》，上海古籍出版社，2002，第17~23页。

过于严苛造成的知识分子不乐仕的问题。

值得我们注意的是，方孝孺关注制度是为了关注其背后的君权，批判制度也是在批判制度建设的"动源"的君权。方孝孺集中批判明初的尚法政策，其实也是以批判君权为内核的。可以看出，此一时期方孝孺是真诚地拥护明政权，虽然他对君权不满意，主张改造君权。也许正是因为真正地拥护，他才努力思考改造之，以期其得到更多的拥护。考方孝孺这一时期出现这些思想的原因有三，一是此时的方孝孺富有理想主义，二是方孝孺此时个人的生活环境离战乱较远。更主要的是，此时其父在明政权中仕途平顺。但是必须强调的是，方孝孺虽然拥护明政权，但并不满意明政权的一些重大政策。这为方孝孺下一阶段认清君权的性质奠定了基础。

二 厘清君权的本质时期

洪武九年至洪武十八年（1376～1385），方孝孺二十岁到二十九岁，是方孝孺思想的第二阶段。其代表作品有《逊志斋集》中的第四卷，第五卷的有关子书、史书的评论数十篇和洪武十八年（1385）完成的《君职》、《官政》等十二篇政论文。这一阶段最突出的特点是明太祖家天下的私心赤裸裸地暴露出来。他一手导演了"空印"、"胡惟庸"、"郭恒"三大案，动辄牵连诛戮近万人，惨酷至极。随着屠刀开路的，是背后的君权私心的极度扩张。这其中最为突出的表现是他借口左丞相胡惟庸谋反，废止了宰相制度，以六部分理天下庶务，破坏掉千年来君相分治的政体传统，建立了绝对的君权。这与儒家政治学说传统极其抵牾，激起了士人们更大的反抗和对政治的更加冷漠。

与大的政治环境恶化相一致，方孝孺的个人家庭遭遇也与前一阶段截然不同。其父洪武八年（1375）受属吏诬下狱。九年（1376）空印案起，其父又受牵连，竟系死于狱中。这让年轻的方孝孺深切地感受到了政权的残暴和蛮横无理。胡惟庸案起，其师宋濂也以莫须有的罪名受到牵连，虽负天下众望也不能免于刑，最终还是死于流放途中。此二人为方孝孺一生中至亲至敬、影响其一生之人，却皆冤死于尚法政治之下。这两个事件成为促使方孝孺反省的最大动力，使其由思考尚法政策本身转向思考君权本身。

方孝孺认为君主如此残暴的主要根源在于君权的本质是自私自利的。君主会为一家一姓的私利，牺牲天下的公利。所以在方孝孺看来，仅仅以"修君德"作为解决政治上治乱和人民福利的办法是无效的。要解决此问题，方孝孺认为必须从君权的产生和规范君权两方面入手。方孝孺在《君职》、《民政》、《正俗》等政论中提出了君主起源论和君主职责论，申明君主的责任在于养育天下的人民，君主是为人民的公利而存在的。若君主不能尽到养育人民的职责，则天罚之，史抑之，民叛之。方孝孺注重从制度上解决、规范君权问题。他提出君臣分职的制度理念，即君主掌握政权，是百官握有治权。君主虽有政权，但须"无为"、"有量"、"不自用其才智"。从政治体制上的意义说，就是君主不能干预行政。百官握有治权，为国家政策的实际制定与执行者。方孝孺如此削弱君权，防止君主干预行政系统，仅以君主作为国家政权的象征，为的是从实际上化解君权为私的本性，把政治的重心由君主向整个文官系统转移。方孝孺说："臣者，国之本。"[1]

---

[1] 《杂诫》，《逊志斋集》卷一，第20页。

于是方孝孺论证了君臣分治的可能性。对于明太祖利用《周礼》来废除宰相的做法，方孝孺针锋相对，从考订《周礼》入手来构思官制改革之道。虽然方孝孺撰的《周礼考次目录》已经不复存在了，但其序尚存于《逊志斋集》第十二卷，其书的内容尚可窥一斑。方孝孺把国之大政分为六部分，由六官分别职掌，进而把职务打乱，隶属错误的属官，重新分配。在重新分配中，方孝孺特别加强了"冢宰"的职权，使之掌天下行政大权，为百官之长："冢宰者治之所从出也。"① 方孝孺把执掌重要行政部门的属官划归冢宰名下，使其能总揽群职，成为国家真正的领袖。显然，方孝孺这是对明代君权吞并相权深表不满，想借考经以恢复《周礼》所载的六官制，即以冢宰取代君权统理六部，光复传统中的君权、相权分治。方孝孺这样做的背后的实质理念是，以相权代表公意，以君权为私意，提升相权，虚化君权，即在不革命的情况下，以公利来化解私意。

三 试图寻求士民自治时期

方孝孺在上一阶段还有一个问题没有解决，那就是元人退北后遗留给中原士人胡服、胡语的风俗问题。方孝孺认为要解决这个问题在于恢复"经"中所载的华夏衣冠礼乐制度。《民政》、《成化》、《正服》、《周官》等作品代表了他此时的思想，时间是洪武十九年至洪武二十六年（1386～1393）。在这一阶段，方孝孺稽法《周礼》的"乡遂制度"，拟划自己的"睦雍制度"。方孝孺云："经者，治天

---

① 《周礼考次目录序》，《逊志斋集》卷十二，第421页。

下之具也，岂直文辞云尔哉！"① 在方孝孺看来，从中央到地方，从政治、社会到教育、刑法等制度《周礼》都有完整的设计，正契合他的理论需要。方孝孺说：

> 余始读诗《大雅》、《豳风》，见其积累之盛，而知周之所由兴。然犹异之曰："何其久也？"及读《周礼》至于《大司徒》、《乡大夫》、《州长》、《党正》之法，然后慨然叹其虑民之详也。曰："尽在是矣！"②

所谓《大司马》、《卿大夫》、《州长》、《党正》之法，一般简称为乡遂制度，是一种地方行政、社会组织兼具军事功能的政、教、兵、民合一的制度。方孝孺非将乡遂制度全部移到明初，而是想取其养教精神参以明初社会现实来稳定明初社会秩序。方孝孺称这种制度为睦雍制度。但是睦雍制度与方孝孺断定的君主本性是矛盾的。在方孝孺看来，以君主的自私本性必不能承担对公众的养教任务，而睦雍制度及其原型乡遂制度是以君主为集权而建立的制度，是君权的延伸，是君主控制人民的工具。在君主本性自私的前提下，建立这样一个制度只是又为君主增加了一个剥削人民的工具而已。这与方孝孺建立制度以养教人民的初衷是背道而驰的。

洪武十九年至二十六年（1386~1393），方孝孺隐居家乡著书讲学，撰《宗仪》九篇，拟划出乡族制度，标志着其理想社会制度构建的完成，也标志着其对君主制度的极度失望。故其设想建立人民

---

① 《传经斋记》，《逊志斋集》卷十六，第558页。
② 《周官》一，《逊志斋集》卷四，第107页。

自给自足的社会组织，以避免君权的自私残暴。对比其前期的睦雍制度和此时的乡族制度，可以看出，睦雍制度的理念是社会养教问题的解决赖于政治力量，即依赖君主职责的完成。养教待君主推行才能成行，由此而形成的制度是一个由上而下组建的政府机构，是君权的延伸。而乡族制度的理念是社会养教问题可由人民自己来解决。人民可以通过互助的方式来建立养教制度，自谋生存与安乐。由于乡族制度主张民众的自愿结合，故它是由下而上的民间组织，是远离政治权威的。

　　方孝孺之所以在这一阶段能提出乡族制度，一方面是其君主思想的必然发展，另一方面也得之于其居乡讲学的生活环境的启示。方孝孺家乡浦江郑氏自宋以来累世同居达 300 年之久，赈恤乡里，扶助贫弱，世人称其所居之乡为仁义里、东浙第一家，明太祖亦屡加旌表。① 方孝孺受其影响，故思效行之。早在洪武十三年（1380），方孝孺就说过"立之学以教族人之子弟；为置田以食其不能生者"的话。② 但是方孝孺也看到了其不足之处。毕竟郑氏组织只是一个家族组织，建在血缘关系之上，对同居乡里的其他人没有恤济义务，故无法将如此良好的制度扩展到整个乡里。所以方孝孺参照《吕氏相约》和朱熹的社仓制，提出建立具有经济、教育等功能的乡族制度。就明初社会而言，方孝孺的乡族制度足以解决当时社会的养教问题，也契合当时的社会结构，故是可行的制度。其乡族制度代表着方孝孺社会理论的完成，亦是其君主思想的完结。

---

① 《明史·郑濂传》，第 7584～7585 页。
② 《谢太史公书》，《逊志斋集》卷九，第 298 页。

第二节 "天"与"势"：立君之根据

一 理气对立中的立君根源

面对朱元璋私心残暴的种种表现，方孝孺思考得最多的两个问题是：君主由何而来，因何而设？理想之君应有什么表现？这也是方孝孺君主思想的核心内容。他之所以如此重视这个问题，在于他想严格界定现实君主的行为，既为现实的君主及其制度提供合理性，也为限制君主的行为提供合理性。

中国古代社会是一个王权崇拜的社会。历代思想家都十分关注君主问题，提出了极其丰富的君主起源论。今人张分田先生经过系统研究，把中国古代的君主起源论分为天立君说、道立君说、自然立君说、圣人立君说、宗法立君说、争立君说、教化立君说、公利立君说等①，可见中国古代立君说之丰富。但是笔者以为方孝孺的君主起源论是一个综合的系统，其中含有天、道、自然、圣人等诸多因素，不能归于为谁所立的单一主体论。他的立君之道与其天人合一说、理想君主论是密不可分的。他认为君主来源于某种超越的力量，也就是说，方孝孺以为君主制度是宇宙普遍法则在人类社会中的体现。这就为君主制度的必然性、合理性提供了哲学本体论意义上的依据。另外值得我们注意的是，方孝孺的君主起源论实际上就是他的社会起源论。因为在方孝孺看来，社会是一个有组织、有秩

---

① 参见张分田《中国帝王观念——社会普遍意识中的"尊君——罪君"文化范式》，中国人民大学出版社，2004，第296页。

序的人类群体，而组织、秩序来源于君主（首领），所以君主的出现是社会形成的象征，亦是人类社会与其他种群之间区别的标志。

方孝孺认为自然秩序与社会秩序在原则上是统一的。"人道"本于"天道"，"天道"显现"人道"。这尤其体现在他的人性论以及与之相关的君主起源论上。方孝孺继承宋儒关于理气关系的讨论，认为天下万物，包括人皆是气化流行的产物。他说：

> 夫运行乎天地之间而生万物者，非二气五行乎？二气五行精粗粹杂不同，而受之者亦异。自草木言之，草木之形不能无别也。自鸟兽言之，鸟兽之形不能无别也。自人言之，人之形不能不相似也。①
>
> 唯人者，莫不得是气。②

方孝孺认为天下万物的生命是"气化"流行的结果。生命的相似或不同则是阴阳之气与五行的精细纯粹、粗糙杂驳的比例不同造成的。人在生命的生成上也不例外于其他物种。

关于理和气在人身上的关系，朱子曾说："人之所以生，理与气合而已。天理固浩浩不穷，然非是气，则虽有是理而无所凑泊。故必二气交感，凝结生聚，然后是理有所附著。"③ "若论禀赋，则有是气而后理随以具，故有是气则有是理，无是气则无是理。"④ 朱子

---

① 《启惑》，《逊志斋集》卷六，第 197 页。

② 《赠郭士渊序》，《逊志斋集》卷十四，第 496 页。

③ （宋）黎靖德编《朱子语类》卷四，王星贤点校，中华书局，1994，第 65 页。

④ （宋）朱熹：《朱熹集》卷五十九，《答赵致道》，郭齐、尹波点校，四川教育出版社，1996，第 3078 页。

这种先由气构成人身，在构成过程中理同时居于人心的提法也为方孝孺所继承。他说：

> 夫人之有生也，则有是心。有心，则有仁义礼智之性。①

理是与气纠缠在一起的，而主要内在于人心。在方孝孺看来，君主产生的根源就在于人性的理、气二元对立。方孝孺说：

> 夫人之心五性具焉，其中虽寂然静也，而不能不与物接。及乎既发，则七情动矣。……惟夫七情之发，为物所蔽，则或汨其本然之善。②

人身是气化流行的结果，为自保它有物质上的欲求。有欲求而无规范、节制必产生"争"，有"争"就会危及自身的生存。这与仁天创生万物，使之各得其所的本意是违背的。方孝孺将这种既保证欲求，又节制欲求的规范性因素归结于理。但理不能自动维护秩序，其必有代言者。所以说，气化之人身的存在为君主的产生提供了必要性，而天理的存在为君主的产生提供了可能性。合格的君主必须以天理为准则，又得具备治理人为恶的能力。质言之，君主身上必须既有强大的势的力量，又有强大的善的根源，这样的君主才是合格的君主，即方孝孺所说的君必须是既"贤智"又"神武"者：

> 烝民之生，纭纭牷牷，憧憧奔奔。外则寒暑燥湿之候动其

---

① 《学辨》，《逊志斋集》卷六，第202页。
② 《答林子山》，《逊志斋集》卷十一，第391~392页。

志，内则饥渴嗜欲之情役其身。苟不有人以治之，争夺戕戮之
祸作。而仁义忠信之道泯。有皇上帝，鉴观下土，择其贤智神
武者，而俾为君。[①]

方孝孺认为人与人之间基于生存需求上的争斗是君主制度产生
的基本原因。也就是说，方孝孺把君主的起源归于对抗性的社会矛
盾。立君以止争，靠君主建立一种具有强制性的社会秩序，以维系
人群的长久之道。君主虽是"神武"者，但君主是不是像《吕氏春
秋》中所说的"少者使长，长者畏壮，有力者贤，暴傲者尊"[②] 那
样，仅以自然的力量作为秩序的后盾，以暴力与强制来达成这种社
会秩序呢，即将强力等自然能力合理化呢？如果沿着这一思路下去，
其必然会以实力、赏罚与征战作为君主起源的论据，也必然会形成
像荀子、韩非那样的尊君论。方孝孺虽然说君主当由"贤智神武者"
担任，却极力反对将自然的暴力合理化。由此而可见，方孝孺也非
尊君论者。通过第二章我们已经了解到，方孝孺极力反对尊君的
理论。

二 君：天意下的分工

外在的社会对抗矛盾为君主的产生提供了必要性。那么君主的
产生于个体有什么内在性的要求呢？方孝孺反对将自然强力合理
化，看来这不是方孝孺注重的产生君主的内在性必要因素。他把
君主产生的个体原因归结为智力因素，说："生民之初，固未尝有

---

① 《公子对》，《逊志斋集》卷六，第 210 页。
② 陈奇猷校释《吕氏春秋新校释》，上海古籍出版社，2002，第 1330 页。

君也，众聚而欲滋，情炽而争起，不能自决，于是乎有才智者出而君长之。"① 但智力亦是人的一种自然能力。它可以为人自己服务，也可以为人群公共事务服务，所以亦有公私之分。就有些人而言，人倾向于自营，是为私智。方孝孺极力反对这种自营的私智，认为这是人不知出身之源的缘故。方孝孺说："人之挟所长以虐同类，由不知本故耳。使知斯人之生，皆本于天，视人之颠阶陷溺与己无以异，则民焉有失所之患哉？"② 在方孝孺看来，强力者为君，有智之人以智自营，这绝不是上天给人"能力"的本意。方孝孺说：

> 天之生人，岂不欲使之各得其所哉？然而势有所不能，故托诸人以任之，俾有余补不足。智愚之相悬，贫富之相殊，此出于气运相激而成者。天非欲其如此不齐也，而卒不能免焉。是气行乎天地之间，而万物资之以生。犹江河之流浑涵渊沦，其所冲激不同，所著之状亦异。……水非有意为巨细于其间也，而万变错出而不可御。人何以异于斯乎？智或可以综核海内，而暗者无以谋其躬。财或可以及百世，而馁者无一啜之粟。天非不欲人人皆智且富也，而不能者，势不可也，势之所在，天不能为，而人可以为之，故立君师以治，使得于天厚者，不自专其用，薄者亦有所仰，以容其身，然后天地之意得，圣人之用行，而政教之说起。故圣贤非为己设也，所以为愚不肖之资也，货财非富匹夫也，固将分其余以补人之匮乏。③

---

① 《君职》，《逊志斋集》卷三，第86页。
② 《宗仪·体仁》，《逊志斋集》卷一，第57页。
③ 《宗仪·体仁》，《逊志斋集》卷一，第56~57页。

我们可以看出，方孝孺所体认的天是具有道德正义性与价值终极性的仁天。他说："仁为众善之原，群德之长，而天地之心也。"① 天创造人是为了人智且富的，质言之，天是以民为目的的，天生民必欲养之。但天不能仅靠自己就完成养育民众的任务。因为天是以气作为工具创造人的，但气化流行创造人的同时，也产生了天不能左右的东西，是为"势"。气"相激而成"的"势"决定了人的智力以及由智力物化成的名利的差异。所以现实中人及其能力就是"天心"→"气势"→"人"这一过程的生成结果。

对于智力，方孝孺认为有两种。一种是挟其智以欺虐同类者，是为私智；另一种则是圣贤之智。对于圣贤之智，方孝孺说："清气之在天地间，得其纯全之会，则为圣贤人；得其浇驳之余，则为庸众人。"② 圣贤者，不仅是得天之厚者，而且是得天之纯全者。所谓纯全者，是指得气之纯与天理之全，而庸众人之浇驳者，是指得气之污杂与天理之偏者。从"天心"→"气势"→"人"的过程看，得气之纯与天理之全者，能越过"气势"而直接体天之心，所以能助天之不能。而庸众人在"人"的这一生成过程中，由于仅得气之污杂，故体天心亦只得其偏，所以不能超越"气势"，反为"气势"所制，方孝孺称之为泪没了天之本性，役于物欲。人为一己的欲望而行动，必然纷争祸乱不绝。加之人天生的智力不齐，故智者能"挟所长以虐同类"，造成以强凌弱、智者欺愚。结果，弱者、愚者

---

① 《学孔斋记》，《逊志斋集》卷十七，第 617 页。
② 《贮清轩记》，《逊志斋集》卷十六，第 598～599 页。

难以自存，而强者、智者也不能长保。这就是"势之所在"在人群中的表现。

所以天赋予圣人的任务是纠势之偏，使天意得以实现。所以圣贤要体天之心，教养人民，以使之遂生，所谓"天不能为，而人可以为之，故立君师以治，使得于天厚者，不自专其用，薄者亦有所仰，以容其身，然后天地之意得，圣人之用行，而政教之说起"。值得注意的是，方孝孺在这里讲君主的产生，是从政统与道统合一、内圣而外王的理想状态讲的，即"天地之意"、"圣人之用"、"政教之说"是合一的。圣人与君主是同一的，他们既是宇宙真理的代言人，又是政治权力的掌握者。

总而言之，方孝孺所讲的"天"非仅指能生育万物的自然之天，他也将博爱万物的义理合在了其中。由于仁天在源头上的终极价值，圣人亦非仅指有智识的人，而是禀赋仁、义、礼、智、信天性之全之人。其得天禀赋之全，故能体天之本意，遂成为宇宙真理之代言人，所以"圣贤非为己设"，"为愚不肖之资也"，即体天之意，当补天之不能，以实现仁天之生养万物之本意。所以圣人以仁心立政教，改变自然状态之下的欺凌、纷争的现象，建立社会秩序。由此可知，在理想之君这点上，方孝孺认为君与圣是统一的。

但是现实中是有智有力者为君，而非"圣"为君，由此方孝孺在君主的起源中更强调君主的圣性，甚至主张君与圣分离，"圣"可以由多个不同的个体代表。实际上，方孝孺是强调文化权威对政治权威的制约作用。他说：

盖天之授人以才智，非欲其自谋一身而已，固将望之补天道之所不能，助生民之所不及焉尔。是以伊尹方处畎亩，而以觉斯民自任；颜渊饮水饥饿，而论为邦；孟子辙环四方，每以先王之道告世之有力者。诚知所受者大，所任者重，不敢弃当世，而负乎天也。①

虽然方孝孺认为理想之君是君与圣的合一，但他不愿意直接赋予君圣的地位。所以他认为圣可以由君之外的人担当。而且方孝孺认为，当圣与君分离时，是先有体天之意的圣人，后有掌握政治权力的君主。盖方孝孺认为作为宇宙真理的天意是权力之基。也就说权力的取得、运用是以运行天道的仁义为前提的。这也是方孝孺道高于势的一贯观念在君主起源问题上的体现。方孝孺说：

当昔之未有君臣也，民顽然如豕鹿猿猱。馁则食，饱则奔逸跳掷，而不可制。欲驯之且不能，况欲使之乎？圣人者出，知其散漫放恣无所统属，非久安之道也。于是制上下之分，定尊卑之礼，俾贱事贵，不肖听于贤。②

虽然在方孝孺看来，圣人的文化权威与君主的政治权威几乎是同时诞生的，也可能圣人和君主本来就是重合于一人之身的，但是二者之间还是有逻辑上的先后的。"俾贱事贵，不肖听于贤"意味着君主（公共权力）的产生。要使"俾贱事贵，不肖听于贤"成为可能，首先在于要有"事"与"听"的规范，所以前提就是"圣人者

---

① 《后乐堂记》，《逊志斋集》卷十七，第623页。
② 《民政》，《逊志斋集》卷三，第92页。

出","制上下之分,定尊卑之礼"。圣人依照智力的不同,将人定为上下不同的阶层。才智高者为上,低者为下;上者贵,下者贱。贵制贱,上御下,则智力不争,各安其阶。上下贵贱相资以生,人群秩序以成。从这个意义上讲,政治权威是以文化权威为前提的。方孝孺将这种关系强调为德与位的关系。在他看来,有位者必须有德。他说:"处天下之大位者,必基之于天下之盛德而后可。德不足而位有余,天道之所不与也。"① 君保持其位在于用德结天心。方孝孺说:"积至诚,用大德,以结乎天心。使天眷其德,若慈母之保赤子而不忍释。"② 可见在方孝孺心目中,文化权威是政治权威产生、保全的前提,虽然文化权威是以天意的代表的面目出现的。所以君的出现,就是基于天意的人群的分工:

> 天之意以为,位乎民上者当养斯民。德高于众人者,当辅众人之不至。固其识宜然耳,奚可以为功哉? ……夫天之立君者何也? 亦以不能自安其生而明其性,故使君治之也。民之奉乎君者何也? 亦以不能自治与自明,而有资乎君也。③

盖资禀平庸者,无外力不能自明自养,故要有才德者教导之。而才德者居上位,只有负起养教人民之职责,才能取于民以自养。故上下合体,共遂其性,君主得以合理地出现。总而言之,方孝孺是以天或宇宙法则为立君之终极依据的。在方孝孺看来,天本来就是欲生民养民的。所以方孝孺从天的终极根源上就已经确定了君的

---

① 《御赐训辞记》,《逊志斋集》卷十七,第614页。
② 《深虑论》一,《逊志斋集》卷二,第70页。
③ 《君职》,《逊志斋集》卷三,第87页。

民本主义特色。

三 方孝孺立君说的特色

如果从思想源头上看，方孝孺是综合继承了先秦诸子各家的思想内核来建构自己的君主起源论的。从立君主体上看，所谓的"皇上帝"立君说、"天道"立君说、乃至"圣人"立君说，都可以从方孝孺的立君说中找到影子。

"皇上帝"的说法类似于政治神学，即以一个人格神的意志和启示作为设立君主的终极依据。在中华民族早期乃至世界各民族的早期，把公共权力产生的最终原因归于一个超越的人格神几乎是普遍的思维范式。持此种立君说者认为，整个人类世界是一个由超然人格神主宰的等级结构。社会等级中的从属关系是按人格神的意志安排的。在先秦，这种政治神学式的君主起源论的最典型的代表就是墨子。墨子说：

> 古者民始生，未有刑政之时，盖其语人异义。是以一人则一义，二人则二义，十人则十义，其人兹众，其所谓义者亦兹众。是以人是其义，以非人之义，故交相非也。是以内者父子兄弟作怨恶，离散不能相和合，天下之百姓，皆以水火毒药相亏害，至有余力不能以相劳，腐朽余财不以相分，隐匿良道不以相教。天下之乱，若禽兽然。夫明乎天下之所以乱者，生于无政长。是故选天下之贤可者，立以为天子。①

---

① 墨子：《墨子全译》卷三，《尚同上》，孙以楷、甄长松译注，巴蜀书社，2000，第 290 页。

那么是谁在选天下之贤？墨子说："古者上帝鬼神之建设国都、立正长。"① 这是典型的政治神学。方孝孺的君主起源论明显地带有这方面的迹象，如他说："有皇上帝，鉴观下土，择其贤智神武者，而俾为君。"② 但他这是在文学色彩极重的赋体中提及的，具有很重的浪漫色彩，所以笔者认为他的这种思想因子仅是稍带有政治神学的痕迹而已。

方孝孺君主起源论主要的特色是使用了神秘色彩更淡薄的"天"、"天道"、"道"来取代人格神的地位，并极为关注君主现象的社会根源。

"天作君师"是儒家传统中的主流观点，即天化生万民，为了教养民众，设立了君主制度，由君主"代天理民"，君主的权力是天赋予的。天立君说最初是由上帝立君说演化来的。其特色在于具有更强的思辨性。《尚书·泰誓》说"天佑下民，作之君，作之师，惟其克相上帝，宠绥四方"③，上天立君主以为佑下民，君主的权力来自天命，君主以政治管理臣庶，以道德教化民众。《左传·襄公十四年》云"天生民而立之君，使司牧之，勿使失性"④，也表达了同样的观点。但是君主采取什么途径来治理臣庶，天立君说并没有涉及，其所涉及的只是治的主体。所以又有了"以道立君"，即道是万物的普遍法则，自然界和人类社会都是依据道和遵循道而存在的，单就

---

① 墨子：《墨子全译》卷三，《尚同上》，孙以楷、甄长松译注，巴蜀书社，2000，第296页。

② 《公子对》，《逊志斋集》卷六，第210页。

③ 《尚书译注》，李民、王健译注，上海古籍出版社，2000，第195页。

④ 杨伯峻编著《春秋左传注》，中华书局，1981，第1016页。

人类社会来说，人类社会的一切制度、规范和准则都是以道为本原和依据的。君主制度因道而设，依道而行。如《管子·四时》："道生德，德生正，正生事。"① 有时以道立君也会以以自然立君的面目出现。即自然秩序与社会秩序之间存在内在的统一性，人类社会之所以实行君臣上下制度在于自然界也有类似的秩序。《周易》："有天地然后有万物，有万物然后有男女，有男女然后有夫妇，有夫妇然后有父子，有父子然后有君臣，有君臣然后有上下。有上下然后礼义有所措。"② "天尊地卑，乾坤定矣。卑高以陈，贵贱位矣。"③而程朱理学更是将天理与自然法则、伦理纲常统一在一起，君臣、父子、夫妇也就是"天秩"、"天序"。朱子说："未有君臣，已先有君臣之理，未有父子，已先有父子之理"。④ 可以说"天人合一"论的宗旨与归宿，是为了给君主制度提供哲学基础。这些观点都是方孝孺在设君之道中所继承的，也是方孝孺的理论与传统理论相一致的地方。

但是在方孝孺看来，"道或自然立君"还有一个问题，即是谁代表道或自然来立君的，是不是君本身就代表道呢？方孝孺以为代表道者非君，而是圣人，也就是圣人代表天道立君以治民。在方孝孺看来，圣人代表天道，是真理的掌握者，他为了拯救人类、化治人性、完善人生而建立君主制度以及相关制度。

---

① 《管子今注今译》下册，《四时》第四十，李勉译注，台湾商务印书馆，1990，第691页。

② 高亨：《周易大传今注》卷六，《序卦》，齐鲁书社，1979，第647~648页。

③ 高亨：《周易大传今注》，卷五，《系辞上》，齐鲁书社，1979，第504页。

④ （宋）黎靖德编《朱子语类》卷九十五，王星贤点校，中华书局，1994，第2436页。

圣人立君说也是儒家中最流行的君主起源论之一，如荀子说："古者圣人以人之性恶……故为之立君上之势以临之。"① 韩愈说："民之初生，固若禽兽夷狄然；圣人者立，然后知宫居而粒食，亲亲而尊尊，生者养而死者藏。"② 但是，荀、韩的圣人论是其尊君论的前导，他们强调圣人与君主的统一性，故君主具有神圣性，是天地自然秩序的代表，由此得出了必然尊君的结果，如韩愈说："帝之与王，其号名殊，其所以为圣一也。"③ 而方孝孺恰恰相反，他分圣人与君主为二，以圣人代表道，以君主为权力者，圣人是立君者，但圣人不一定是君。像方孝孺前面所说的例子，伊尹、颜渊、孟子为自觉以期民自任的圣人，而掌权者不过是有权力者，是不能与拥有文化权威的圣人相提并论的。

虽然方孝孺所提及的三位圣贤均在先秦非大一统时代，当时尊君论并不盛行，然方孝孺于明初主张圣人高于君，则主张君与圣不同十分显然。这其中的原因对于方孝孺而言，圣人与权力是分离的，圣得自于天性中，内含于人性中。为给自己以道事君做理论铺垫，他说："天之所赋予我者，若是其大也，吾充之尽其道，则可以运阴阳而顺四时，辅天地而遂万物。穷可以希孔孟，达可以侔伊周。"④ 方孝孺之所以强调圣高于君，是因为圣与君在源头上是相当不同的。圣是能体天心天意者，是仁天的代言人。而君，是圣与势的结合体，

---

① 《荀子·性恶》。

② （唐）韩愈：《韩昌黎全集》卷十二，《送浮屠文畅师序》，中国书店，1991，第286页。

③ （唐）韩愈：《韩昌黎全集》卷十一，《原道》，中国书店，1991，第173页。

④ 《赠林公辅序》，《逊志斋集》卷十四，第491页。

即有德有位者。质言之,方孝孺倾向于认为"势"在君的出现中也有作用。所谓"天之生人,岂不欲使之各得其所哉?然势有所不能","天非不欲人人皆智且富也,而不能者,势不可也!"① 君主的智、富以及有力也是气化流行激荡而成的。

天的本质为"仁"、为"公",其代言人为圣。"势"作为天的对立面,为天所不想得而得之者,其本质也当为天之对立面,即为"不仁"、"私"。在方孝孺看来,至少现实之君的内在构成因素之一为"势",所以现实的君主身上体现了"不仁"、"私"这些属性。方孝孺能一反传统君主观念而得出这一观点,主要得于他对朱元璋的观察。他认为专任刑罚、废宰相是其"利子孙"的私智自营的表现。在方孝孺看来,这是与天意极其相悖的。所以方孝孺为纠正这种"势"之偏,强调仁、义、礼、智等文化传统在权力生成中的作用。也就是说,其将圣与权力分离是为了给权力者戴上"道"的枷锁,让权力含有圣性,最终回到圣人与君主的统一,以达到使权力为仁天遂万物之性的目的服务。正是方孝孺认定天道与"势"的这种关系,让方孝孺在承认立君有制止纷争的作用的同时,没有像墨家和法家那走向绝对君权论,也没有像西方霍布斯那样向实力低头,而是高举道义的旗帜,力图让权力为公共服务。

但是综合起来看,方孝孺的设君之道在回答了为什么需要君主的问题时,也为君主的出现提供了合理性的说明,进而为君主政治体系的稳定提供了思想上的支持。尽管他给君主的权力附加了各种条件和限制,但他还是认同这样一个观点:"国无君不可以为

① 《宗仪·体仁》,《逊志斋集》卷一,第56~57页。

治。"① 他可以反对各个成为君主的人，但是他确实论证了君主制度的必然性、合理性。虽然他反对帝王权力的垄断性和绝对性，但他找不到一种制度来避免这种政治现象的发生，最终还是认定最高统治者的权力应该归于一个特定的人物身上。究其原因，还是在于方孝孺无法脱离儒家一贯的圣王思路。内圣外王虽然关涉政治权力归属的中心问题，但它总是渺茫地期盼一个从不犯错误的圣人出现，而没有致力于把一个坏政府带来的灾害减少到最低程度。所以方孝孺力图解决由谁来统治的问题，却无法对更为重要的怎样制约权力的问题进行制度上的建构，而仅能就制约权力而提出一些理论上的规范，为进一步解释君主规范提供重要依据。

第三节 "民性"与"君职"

一 "民性"与"君职"

上一节提到，圣人立制，有君民之分化。君民的分化不是将自然智能、强力等差异合理化，而是赋予其根于人性的价值观念。方孝孺说：

> 夫天之立君者何也？亦以不能自安其生而明其性，故使君治之也。民之奉乎君者何也？亦以不能自治与自明，而有资乎君也。②

天造万物，欲万物各得其所，但气激之势，使天有所不能。庸

---

① 《韩非子集释》卷十五，陈奇猷校释，上海人民出版社，1974，第814页。

② 《君职》，《逊志斋集》卷三，第87页。

众之人得浇驳不明之气和天理之偏，故不能自养自明。但庸众人不能自养的社会现实与天生万物欲各得其所的初衷是相悖的，故天取资禀全者以为君师，代天理民，以全其性。所以君师当背负天道的民本主义理念，助万物特别是生民以完生遂性。是以君主之职责在体天之仁心以养教人民。君之职能否实现，关键看其与民的关系：

> 天之立君，所以为民，非使其民奉乎君也。然而势不免粟米布帛以给之者，以为将仰之平其曲直除其患苦，济所不足而教所不能，不可不致夫尊荣恭顺之礼，此民之情然，非天之意也。天之意以为位乎民上者当养斯民；德高众人者，当辅众人之不至。固其职宜然耳，奚可以为功哉？①

可以看出，方孝孺是在天、君、民三者互动的关系中界定君主的职务。天生民而不能养民，故需择君以养民；民得养后须分己之所产以奉君。君养民是君之为君的前提，是无条件的；民奉君则是有条件的，非君可以必然要求的。

然而方孝孺没有像先秦民本主义者孟子那样，除了天生民、君养民关系外，还安排了天与民的关系。孟子援引古义，认为"天视自我民视，天听自我民听"②将天意解释为民意，将民意上升为天意。如此似乎是以民意为天意，作为君主行为的旨归，实际上却使民失去了直接与君主对话的资格和能力。因为"天视自我民视，天

---

① 《君职》，《逊志斋集》卷三，第87页。
② 《孟子·万章上》。

听自我民听"中的民意中可以上升为天意的民意是整体的、笼统的民意，而非某一个局部的、具体的民意。整体的民意在落后的社会条件下和民众缺乏话语权的条件下是难以表达出来的。而具体的、局部的民意在孟子看来又是无法上升为天意的。所以具体之民是无法与具有上与天通的神圣性的君主对话的。故民在君主面前失去了对抗甚至对话的资格。

方孝孺则不然。他虽然没有否定孟子对天与民关系的论述，然而更看重民自身所具有的人性特质。他认为民之性不同于君、圣贤、士大夫。这三者是得气之清明者，而民是得气之浇驳者，是汩没了天之本善、役于物欲的。方孝孺说："夫七情之发，为物所蔽，则或汩其本然之善。"① "烝民之生，纭纭烑烑，憧憧奔奔，外则寒暑燥湿之候动其志，内则饥渴嗜欲之情役其身。"② 方孝孺以为，汩没了本善的民，其行为更像野兽，他说："民顽然如豕鹿猿猱，馁则食，饱则奔逸跳掷，而不可制。"③ 虽然方孝孺在语气上对民的人性特质有蔑视的成分，但是方孝孺认为民的物质欲望这种自然权利是与君主对话的现实力量。君主养民则是满足民的这种自然物欲。方孝孺说："民心难合而易离，譬之龙蛇虎豹然。欲久畜之，则必先求其嗜欲好恶喜怒之节，而勿违其性。使性安于我，而无他慕之心，然后可得而畜也。"④ 如此可以看出，民与君对话是以民的自然权利为纽带的。君如果不能满足民的自然权利，则民有权利离君而去。离去

---

① 《答林子山》，《逊志斋集》卷十一，第392页。

② 《公子对》，《逊志斋集》卷六，第210页。

③ 《民政》，《逊志斋集》卷三，第92页。

④ 《深虑论》四，《逊志斋集》卷二，第73页。

就成为民的一种权利。这实际上是对"君臣大义无所逃于天地之间"的一种突破。可见方孝孺摈弃了将民意再次上升为天意的老路，而是在天、君、民三者互动的关系中，弱化天的因素，注重着眼于君与民的现实关系，以自然权利这种"私"为核心，将君之职务牢牢地固定在民之自然权利周围。就以民性之"私"而不以民之德性作为讨论君民关系的纽带而言，方孝孺的君民关系论是非常具有近代性、具有思想启蒙意义的。

由此，方孝孺强调君与民之间存在一种类似契约的关系，互相承担着权利和义务。

> 天之立君，所以为民，……，然而势不免粟米布帛以给之者，以为将仰之平其曲直除其患苦，济所不足而教所不能，不可不致夫尊荣恭顺之礼，此民之情然。①

民因天生禀赋的原因，不能自存自养，故资君以养教；为使君能更好地履行职责，民必出粟、米、布帛奉养之。所以方孝孺认为，君主之得民奉养，与官吏之得俸禄无异，得禄在于履行职务。方孝孺特别强调民出粟、米、布帛并非"天职"，而是相对的。人君尽了养教之职时，人民应该奉养之；反之，民可以不奉养之。"如使立君而无益于民，则于君也何取哉？"② 但是秦汉以后的君主和一些学者只是将社会现实中人的自然差别和社会差异合理化，以为君治民、民奉君是天经地义的，典型如韩愈者说："君不出令，则失其所以为

---

① 《君职》，《逊志斋集》卷三，第87页。
② 《君职》，《逊志斋集》卷三，第87页。

君；臣不行君之令而致之民，则失其所以为臣；民不出粟米麻丝作器皿通货财以事其上，则诛。"① 方孝孺极力反对这种观点，说：

> 后世人君，知民之职在乎奉上，而不知君之职在乎养民。是以求于民者，致其详，而尽于己者，卒率怠而不修。赋税之不时，力役之不共，则诛责必加焉；政教之不举，礼乐之不修，弱强贫富之不得其所，则若罔闻知。呜呼，其亦不思其职甚矣。②

在方孝孺看来，君主制度虽在初创时期立意是好的，但制度一经产生，本身便成为一个客观存在，具有了相对独立性。它经过千年以上的传衍，历代君主只是看到他们高高在上地治民，而没有注重勤勤恳恳地为民谋利。所以当后世君主不能体会君主制度的本意时，就不免误解君民之间的关系，以为人民供奉君主是民的"天职"，因此只知享受君位之权利，而不尽教养人民之义务。君民关系由原来的君养民、民奉君的双方关系逐渐演变成君残民、民奉君的单边关系。此种衍生的理念一经制度化，则变成了三纲之忠君、尊君论。君亦即心安理得地享受天下之利，而将天下之害归于民了。此时君之于民已非天推仁之关系了，而是一种剥削关系。故君民之间丧失了原有的分工的内涵。所以理论的曲证与利益的驱动，造成了君主专制的必然加强。

方孝孺认为这是君职扭曲的结果，是必须纠正的。在方孝孺看

---

① （唐）韩愈：《韩昌黎全集》卷十一，《原道》，中国书店，1991，第173页。
② 《君职》，《逊志斋集》卷三，第87页。

来，既然后世之君主破坏了圣人立制的原意，劳民以自奉，残民以自利，那么就必须对君主这种失职的行为给予纠正。方孝孺总结以往的历史经验，提出了独特的纠正方法。由于这是方孝孺对君主现象思考的另一个主题，内涵十分丰富，笔者将辟专题以述之。

二 君职之虚化

中国君主的职务和权势，自汉至明呈逐渐加强的趋势。到了明初，明太祖朱元璋集天下大权于一身，达到了专制的顶峰，使得整个国家行政系统都为君主个人的意志服务。这是明初出现滥杀士人，随意更改政治体制的基本前提。面对这种情况，方孝孺在辨明与规范君职的同时，力图依据传统将君职虚化、弱化，以减少君主私心对人民福利的侵害。方孝孺所采用的方法就是讨论现实的法度。在方孝孺的思想体系中，赋予了法度极为重要的地位，以为它可以补君职之缺。方孝孺深层的指向在于以君臣分工的方式虚化君权。他说：

> 才智自见于世者，庶官百职之所为。无所用其才智，而才智之士咸为之用，非圣人其孰能之。[①]

政治事务繁多，君主必须设立百官众职，以补君主一人力之不足。君主的责任在于掌控养教人民的理念。而实现理念在于任贤，自身于具体政事则不得干涉，故君道无为。其表现是"不私用其才智"、"有容天下之量"、"不与臣下争能"、"不以天资之所近者

---

① 《君量》，《逊志斋集》卷三，第86页。

为治"等。换言之，君主不能以自己的思想、情感和偏好来干预行政。

> 人君不患乎无才，而患恃其才以自用。不患乎不学，而患挟其学以骄人。邈乎无为，澹乎无谋，以任天下之才智，而不与之争能，则功出于人者，犹出于己也。恃其偏长小数，以与臣下较铢两之优劣，使才智之士不获尽其所欲为，是曷若不学之为愈乎！①

方孝孺这番言论似乎没有跳出儒家"君道无为"的框架，但细究起来，则与先秦诸子之"君道无为"是很不相同的。

孔子曰："无为而治者其舜也与？夫何为哉？恭己正南面而已矣。"② 这是儒家无为而治话题的开端。舜是无为而治的代表。无为而治在于"恭己正南面"。《大戴礼记》载孔子言："昔者舜左禹而右皋陶，不下席而天下治。夫政之不中，君之过也；政之既中，令之不行，职事者之罪也。"③ 君主所负责的主要是"政"。所谓"政在无为"的含义，就是孟子所讲的"尊德乐道"。孟子说："尊德乐道，不如是，不足与有为也。故汤之于伊尹，学焉而后臣之，故不劳而王；桓公之于管仲，学焉而后臣之，故不劳而霸。"④《荀子》中也记载了荀子对"政"的看法："执一无失，行

---

① 《君学》上，《逊志斋集》卷三，第83页。
② 《论语·卫灵公》。
③ （清）王聘珍：《大戴礼记解诂》卷一，《主言》，王文锦点校，中华书局，1983，第3页。
④ 《孟子·公孙丑下》。

微无怠，忠信无倦，而天下自来。执一如天地，行微如日月，忠诚盛于内，贲于外，形于四海，天下其在一隅邪。"① 所以人以为舜能无为而治，在于其以自身的德行得贤。"王者劳于求人，佚于得贤，舜举众贤在位，垂衣裳，恭己无为，而天下治。"② 这是儒家对无为而治的一贯解说。

再反观方孝孺所讲的君主"邈乎无为，澹乎无谋"对君主无为的描述，可知方孝孺论述君主无为不是从君主的德性出发的，而是为了防止君主私心干政，所谓"任天下之才智，而不与之争能，则功出于人者，犹出于己也"。在方孝孺看来，君主之智性不过是"偏长小数"，是"使才智之士不获尽所欲为"的主要因素，故须使君主无为，才能将天下大公行于政府。

依儒家君道无为的传统，既然君主无为，把天下庶务归诸百官，那么君主的责任只在"政中"与任贤。"政中"在前面君职中已讲。然而方孝孺似乎对君主能否任人也表示怀疑，以为君主必不以天下之公心来任人。所以方孝孺以为栽培和登进人才要有客观的制度。方孝孺说："盖圣人之取人，德不求其全，而取其不违乎道。艺不求其备，而贵乎能致其精。"③ 方孝孺主张取人不能责全求备，因此在制度上要求分科设教。他说：

> 故善立教者，莫如本之以六行，余则因其质而设科。人有

---

① 《荀子·尧问》。

② （汉）刘向编著《新序校释》卷四，《杂事》，石光英校释，陈新整理，中华书局，2001，第473页。

③ 《明教》，《逊志斋集》卷三，第98页。

刚毅而厚重者……必可以任天下之大事。则因而教之博通古昔之政教，周知海内之得失。观其损益折衷，以验其为，勿使色厉而伪者得参之，则大臣之储也。慈良顺爱者，必可以治民，则因而教之平赋施惠之方，振灾恤患之道，辨邪察狱之事，理俗兴化之要。勿使柔佞而诈者得参之，则牧伯之储也。疏达明断者，则百官众识之储也。强识通敏者，则文学典礼之储也。沈勇而有威，多力而任武，则将师之选，疆场之所恃也。各以其所当为者教之。而皆不使近似可说之人得与。则所用无非才，而所为无偾事矣。此大学之政也。①

大学推其法，行之于郡县，俾亦以六科为准。②

可见求人得才也有客观的标准，君主不可逞私心于其间。于是任人也不是君主职权了。从这个角度来说，君权完全被化解掉了。

君主掌握人间权力，行权时却要受到严格地限定，不能参以个人之好恶，这是相当不容易的。所以方孝孺认为，要实现君主无为，首先要利用教育的手段，使君权纳入规范。因此方孝孺强调君主学习的重要性。方孝孺说：

古之圣王，为学之道虽殊，然其大要不过敬天仁民，别贤否，明是非数者而已。而必皆以正心为本。③

人君不可不学也。人君之学，莫大于治心、立政。而治心之术有五：持敬以弭安肆之萌；寡欲以遏侈纵之渐；养慈爱之

① 《明教》，《逊志斋集》卷三，第98页。
② 《明教》，《逊志斋集》卷三，第99页。
③ 《君学》上，《逊志斋集》卷三，第84页。

端以充其仁；伐骄泰之气以固其守；择贤士自辅以闲其邪，五者立，然后可以为政。……此为政之本也。①

方孝孺认为，君之职不同臣之职事繁杂，只是以正心为本的"敬天仁民，别贤否，明是非"数事而已。治君主之心就是汰去心中的邪私念头和个人偏好，增益其仁民爱物之心。方孝孺以为"立政之本"，在于避免君主"以其天资所近者为治"。② 但是我们必须得注意的是，方孝孺以为为政之本为正君心之思想来源于孔、孟、荀和理学诸子，但是二者的理论导向是相反的。

先秦时期孔子、孟子、荀子重视君主一人之心，为的是抓住君主政治的源头，用道德伦理的方法解决源头上的政治问题。孔子说："政者，正也，子帅以正，孰敢不正？"③ 孟子说："君仁，莫不仁；君义，莫不义；君正，莫不正。一正君而国定矣。"④ 重视君心在专制政治中的作用，是专制政治的必然要求，但是这样可能导致尊君的理论后果产生。到了荀子，从重视君心上就可以看出尊君的意图了。荀子说："君者，仪也；民者景也。仪正而景正。"⑤ 可以说孔、孟、荀重视君心的理论手法是尊君论的导向标。这种理论特色完全为理学诸子继承下来。朱子说："一心可以兴邦，一心可以丧邦，只在公私之间尔。"⑥ 他又说君主的公私之心："只看合下心不是私，即转为天

---

① 《君学》下，《逊志斋集》卷三，第84页。

② 《君学》下，《逊志斋集》卷三，第85页。

③ 《论语·颜渊》。

④ 《孟子·离娄上》。

⑤ 《荀子·君道》。

⑥ （宋）朱熹：《论语集注》卷七，《子路第十三》，中华书局，1983，第141页。

下之大公。将一切私底意尽屏去，所用之人非贤，即别搜求正人用之。"① 陆九渊也说得十分明确："君之心，政之本。"② 总起来看，我们可以说，理学在人君上的天理人欲及公私义利之辨都是把君主的主观意志视为决定性的因素，不可避免地成为尊君论。方孝孺则不然。方孝孺于明初强调正君心，除了与理学诸子一样，要格去君主的私心外，更主要的是为了促使君主尽于君职，不能越权臣事。所以方孝孺在强调正君心的同时，强调君之职要不过"敬天仁民，别贤否，明是非"数者。因此方孝孺是以正君心为手段来弱化君权，而不是为再次尊君。

但是在方孝孺看来，仅以教育为手段，德化君权，其力量终是太薄弱，历史经验也证明是不成功的。所以方孝孺以为要想虚化君权，还须建立足以制衡君权的现实政治力量。结合明初的政治环境，方孝孺以为相权是制衡君权的政治力量。在方孝孺看来，君权一旦弱化，君主实际上是无权的，或为虚君，则统治的实权转入百官手中，政治的重心也随之转变。方孝孺说："国之本，臣是也。"③ 所以方孝孺主张复立宰相制度，立宰相以统筹百官，处理天下实际政务。这实际上形成天子掌握最高的政权，宰相握最高的治权，两者"共天职，治天民者也"。④ 所以君主无为的关键在于选择才德兼备的宰相。（详见第二章第二节）值得我们注意的是，方孝孺所欲设立

① （宋）黎靖德编《朱子语类》卷一百八，王星贤点校，中华书局，1994，第2679页。
② （宋）陆九渊：《陆九渊集》卷三十，钟哲点校，中华书局，1980，第356页。
③ 《杂诫》，《逊志斋集》卷一，第20页。
④ 《东汉》，《逊志斋集》卷五，第155页。

的宰相，权力相当大，参考他批评东汉光武废除宰相制度的言论，可知其要恢复的宰相制度绝对不是宋元以来的群相制而是秦汉时期的单相制，甚至是远古时的冢宰制。

有宰相掌治权，还不足以致治，因为要致治还要有大批合格的文官。方孝孺所讲的合格的文官，首先是政治主体意识极强的士人。他们出仕不是为一人及家族的富贵，而是入世悯民，以天下为己任，以推行圣人之道为己责。可以说他们超越了具体的个人的生存环境和小群体的利益，而以整个社会与文化传统为关怀对象，为之做出再大的牺牲也在所不惜。故在方孝孺看来，合格的文官非仅为主君负责者，而更是为天下生民谋利者。

> 夫君子之所学者，圣人之道。……，达焉与俱，穷焉与偕，故立于朝，以之事君，则成丰功著大节，以为社稷镇。行乎藩屏，处乎民上，以之治民，则使黎庶举得所愿，以无贻国家之忧。①

可以看出，方孝孺是想造就一批道德理想、价值取向和知识背景相同的文官群体。这些文官以儒家文化为政治文化的深层土壤，他们出仕是带有强烈的政治主体性目的的。其出仕虽然也是以忠君为基本原则，但是更大的目的是养教天下生民。在方孝孺看来，由这样一批政治主体性极强的知识分子群体来充当天下行政官员，加之君相分权制，则君主的私心必能被弱化，君职、君权也能被虚化，故其私心可得到遏制，天下生民得以养教。

---

① 《应天府乡试小录序》，《逊志斋集》卷十二，第452页。

第四节　小结

本章主要论述了方孝孺的君主思想的发展、形成过程及主要内容。关于方孝孺君主思想产生的原因，本章以为，是方孝孺由于青年时期受父亲出仕明政权的影响，接受明政权，认真思考明政权的内忧外患，并努力寻找其解决方案。鉴于士大夫不认同明政权，方孝孺研究文官制度与士人心理，提出了改革教育的方案。对于外在元政权的威胁，方孝孺力图转变士人对正统的看法，使其认同明政权的合法性。然而，随着明祖朱元璋家天下私心的逐步暴露，明初四大案恐怖政治的兴起，特别是其父冤死狱中，其师自杀于流放的路上，方氏一族也全被逮捕至京师，方孝孺深刻地感受到君主政权的私性、残暴，遂思考从理论上提出理想的设君之道与为君之道。

方孝孺的设君之道是从天人合一处着眼的。他认为人天生就有智力上的差异。然而此非天意使然，而是天造人时气化流行的结果，是"势"造成的。但方孝孺又认为天造人时就赋予了人仁心、仁性。智力高者，有以补天之不足，助智力低者养生之义务，所以才产生君主。方孝孺对设君之道的主体虽然使用了不同的称谓，但本质和内含是同一的，都是义理之天。

方孝孺还认为，天设君为公，故君主要以公天下为己任。在方孝孺那里，天意、公意是同一的。所以方孝孺继承儒家传统中的民本论，以民来界定君之职责。他认为君要体现天意，首先要均天下，使人人得以养生。君主的职责在于公平、正义等诸价值领域，君权的行使是养民，不得与民争利。方孝孺同时以为，君主私意在设君之道中必须得到弱化。方孝孺认为上有宰相以分君权，下则有文官突显政治主体性，以天下生民为虑，加之君道无为的帝王教育，必能使君之私意的弊端降到最低点。虽然方孝孺已经做出君主是为私利自营的假设，但是由于时代的局限性，他找不到更好的政体来替代君主政体。

第四章

方孝孺对"制约君权"的系统思考

第一节 "小民力量"制约君权

一 君失职与小民反抗

在方孝孺的君主思想中，为君权提供合理性依据与为君权戴上制约性"枷锁"是一体两面的。方孝孺在论证君权的同时详尽地考察了各种具体的君主规范，提出了多种制约君权的因素。其中首要的就是与他的"君职"论有关的"小民"的力量。

与宋明时期理学诸子注重建构"理想君主"相反，方孝孺更倾向于将君主视为一种客观的社会现象，在社会现实中对它加以限定。如在前文已经提到，他客观地看待君职现象，以为"君之职"同其他行政官员的职务是一样的，并没有什么神圣性，亦有称职与失职之别。这是非常具有思想解放意义的。值得我们注意的是，方孝孺指出君主失职之时，受损害的对象非国家、社稷而是小民。他说：

后世人君，知民之职在乎奉上，而不知君之职在乎养民。

是以求于民者，致其详，而尽于己者，卒率怠而不修。赋税之不时，力役之不共，则诛责必加焉。政教之不举，礼乐之不修，弱强贫富之不得其所，则若罔闻知。呜呼！其亦不思其职甚矣。①

　　君之职重于公卿大夫百执事远矣。怠而不自修，又从侵乱之，虽诛削之典莫之加，其曷不畏乎天邪？受命于天者，君也。受命于君者，臣也。臣不供其职，则君以为不臣。君不修其职，天其谓之何？其以为宜然而佑之耶，抑将怒而殛绝之耶，奚为而弗思也？②

立君为民，这是立君的本意。但是君主制度一经产生，就成为一个具有相对独立性和发展规律的客观存在。所以当君主不能体认君之本意以怀民时，就完全可以利用君临天下高高在上的地位剥削民众以自奉。可见，君之失职也就是将君民关系双向义务关系异化成单向的民奉君的关系。民供奉君王反而成为民的一种"天职"，君只知享受君职之权利，而不尽教养人民之义务。可见，君主的失职，就意味着对民的压榨，君民之间丧失了原有的劳心、劳力"分工"的内涵。

按照儒家传统政治思想，这样的君对民而言，已经不再处于助天推仁的位置上了，而变成一种"天之所不能为"的"势"了，成为天意的对立面。既然后世君主破坏了立君的原意，劳民以自奉，残民以自娱，那么作为君的合法源头的"本仁之天"对君的失职必

---

① 《君职》，《逊志斋集》卷三，第86页。
② 《君职》，《逊志斋集》卷三，第87页。

有所纠正。方孝孺以为，天与君的关系同君与臣的关系是相同的。天立君以为民。当君失职而虐民时，天就会像君惩罚官吏一样惩罚君主，要求君主回到君职的本意中来。方孝孺说：

> 善于知天者，不敢恃天命之在我，而惟恐不足以承天之命。不敢以天下为乐，而以天下为忧。视斯民之未安，犹赤子之在抱。养之以宽，而推之以恕，泽之以大德，而结之以至诚，使其心服于我，而不能释，然后天命可得而保矣。[1]

然而，君之于天的关系不过是信仰关系。君信天，则天对其有约束力；不信天，则天显然对君的失职是无能为力的。在无严格意义上的信仰传统的中国，以天抑君是不能保证其有效性的。方孝孺自己也说过："天子之大柄受于天，而天不屑屑然与之较。"[2]可见董仲舒著名的"以天抑君"的思想在方孝孺看来是起不到太大的作用的。那么要想促使君尽君职，需有更为有效的措施和力量。方孝孺实际考察了社会中的现实力量，遂提出小民反抗的力量为促使君主履职的有效力量。他说：

> （秦——引者按）不复有为治之法，而徒任刑罚以劫黔首。譬之去悍马之羁靮，而临以锋刃。彼有蹄啮腾跃而走耳。安能以可生之身，蹈必死之祸哉！故斯民至于秦而后兴乱。后世亡人之国者，大率皆民也。[3]

---

① 《深虑论》七，《逊志斋集》卷二，第78页。
② 《条侯传论》，《逊志斋集》卷五，第148页。
③ 《民政》，《逊志斋集》卷三，第92~93页。

对于这条史料的解说，萧公权先生、萨孟武先生皆赞许方孝孺的"革命"论。

> 古有"抚我则后，虐我则仇"之语，孟子本之而有诛一夫之理论（《尚书·泰誓下》）。方氏亦祖述之，谓秦"任刑罚以劫黔首"，民不甘"以可生之身，蹈必死之祸"，故揭竿称变，二世而亡。然方氏立言似有较孟子尤为激烈之处，孟子认"天吏"始可以伐人，故一夫虽可加诛，而行之者乃受命之汤武，非谓畎亩市廛之氓犯上以革命也。若明王不兴，则生民惟有辗转涂炭之中以静待我后来苏而已。至方氏乃明白承认民众叛变，反抗暴君之事实。故曰：斯民至于秦而后兴乱。后世亡人之国者，大率皆民也。于是人民遂自政治上受动之地位一跃而至于主动。方氏虽未尝鼓吹革命，或赋予人民以革命之权利，而其重视人民之力量，则有前人之所未及。①

> 孟子称许汤武革命，不过许"巨室"起而易代，方孝孺则赞成秦汉以后，百姓起而推翻王朝。②

笔者虽认同两位先生的观点，认为方孝孺"明白承认民众叛变，反抗暴君之事实"，"虽未尝鼓吹革命，或赋予人民以革命之权利，而其重视人民之力量，则有前人之所未及"，承认"百姓起而推翻王朝"，但两位先生说方孝孺这一观点使得"人民遂自政治上受动之地位一跃而至于主动"和方孝孺赞成"百姓起而推翻王朝"是笔者不

---

① 萧公权：《中国现代学术经典·萧公权卷》，河北教育出版社，1999，第447～448页。

② 萨孟武：《中国政治思想史》，台北三民书局股份有限公司，1989，第465页。

能认同的。"后世亡人之国者，大率皆民"，在方孝孺看来，其主要作用非承认民的政治地位，而是对君主的警示。推及民反抗的源头，方孝孺认为还是君失职。因为秦君无仁义之法以安民之性，徒以刑罚治民，致民造反，推翻了秦朝。方孝孺认为秦亡于小民造反的历史事实足以警诫君主，以促使其守君职。方孝孺只是注意到小民反抗的强大力量，他不认为在反抗中民在政治上的地位由被动变为主动，更不赞同小民起而推翻王朝。这可从他基于儒家君臣大义的一贯传统，否认小民造反是"革命"的观点中得知。他说：

> 秦之民即三代之民，在三代之时则尊君而附上；当秦之时，则鸷狠凶戾，视其君如仇雠。岂民之过哉？无法以维之，无教以淑之，而不知道故也。……致乱之由非一端，莫甚于治民无法。治民之法既定，世有叛将亡卒挟奸而肇衅，絷而杀之易易耳。乱亡所以相踵者，无赖者为之倡，好乱之民皆起而从之也。①

在方孝孺的思想体系中，民的人性特质与君、士大夫的人性特质是不同的。方孝孺认为他们是得浇驳之气与天理之偏者，从而汩没了其本有的善性。所以方孝孺将他们界定为，除非借助外在的力量不能体认仁义之道而役于物欲者。在方孝孺的眼里，低层次的自然欲求几乎是民的行为的全部动机。没有外力相助，他们不能修身养性，提升人性，发挥潜能之善，更没有维护纲常、达成秩序的愿望。从这个意义上讲，方孝孺认为民由于人性中的缺陷，是没有政

---

① 《民政》，《逊志斋集》卷三，第93页。

治主体性和参政资格的。但是方孝孺又必须把民纳入政治系统中来。因为民是最大的受治对象，君主治天下，即治民也。方孝孺常把原始之民比喻成毫无社会性的野兽，以为君之治民，在于顺民之性，满足民的自然欲望。所以君称职与失职是以民的自然欲望是否得到满足为标准的。秦时之所以天下大乱，在于君侵犯了民的自然欲求，所以小民才反抗。可以看出，方孝孺认为小民反抗只是君主失职下的一种社会弊病，是需要去纠治的，而不是一种主动性的权利要求，更不是儒家传统命题中的"革命"。

二　天命与革命

那么方孝孺认定的革命有什么内涵呢？我们还得从"革命"的传统含义说起。

革命与天命是一对子。《说文解字》云："命，使也。从口，从令。"可见命的本义是发号施令，支配他人。天命，也就是上帝、上天等至上主宰发布的命令。天命的客体是天子，即世上的君主。他是世上唯一可以接受天命的人。与天命相关，"革命"的原义，就是"革天命"，是从《易·革卦》而来：

> 高亨说："革卦"之"革"有本义和引申义，本义即《说文》谓"革，兽皮治去其毛革更之"，所谓革韦之革；引申义是"改革之革"，卦中的"巳日乃革之"，"革言三就有孚"和"有孚改命吉"都是引申义，与国家的祀的活动有关。按晚近黄凡的历史学辩证："革卦"记载的是周成王加元服的历史事件。……所谓冠礼，或加"元服"，在当时只是称为"革"，即皮帽，加上

九四"改命"的记载，更说明成王的革礼原本只是政治权力移交的象征。……

革卦中同样重要的是"命"的观念，因为革的对象是"命"，按九四"改命"的意思，政权转移是天命承受的转移。①

可见革命的原义就是革去世间君主身上所具有的神圣性天命。天命与革命对世间君主有不同的意义。天命论的主旨在于论证君主的神圣性和统治的正当性；革命论的主旨则是论证天命的相对性与王朝更替的合法性。天命在于择民主，授予权力，令其"为天养民"，给予君主奉天承运的世间神圣地位；革命则是天命的最显著的发布形式，即变革天命，即由新兴承命之王取代丧失天命的君主，是天命从世间一个人向另一个人的转移，于政治上特指符合天意、道义的改朝换代。"王者之兴，受命于天，故易世谓之革命。"② 所以天命、王者、政权三者均变更才是革命，缺一不是革命，只能走向非正当性的"篡弑"、"篡夺"与"造反"。正是从这个意义上，方孝孺才不承认小民反抗具有正当性。

对于现实的王者而言，革命的前提是德与位的分离。因为在儒家看来，天命的主要保持条件是有德。若德高者在位的话，革命是不能发生的。革命是因有德者应当为王而没有为王才发生的。正是从这个意义上，方孝孺由于否定小民具有自觉的德性，进而没有参政的主体性，所以才不承认小民有参与革命的权利。因为他们无德，

① 参见刘小枫《儒家革命精神源流考》，上海三联书店，2000，第34~35页。

② （宋）程颐：《周易程氏传》卷四，《革卦》，载于（宋）程颢、程颐《二程集》，中华书局，1981，第952页。

所以没有天命。但是方孝孺与以往的思想家不同的是，他承认在德与位分离、君主无德时，有小民反抗的这样一股力量存在。这对现世的君主保持德与位的统一，无疑是一种外在的制约力量。方孝孺虽不给予小民反抗合法性的权力，但他确实以承认小民反抗来促使君主恪守君职。对于君来说，天择民君，冕以天命，主要依据是个人的德性。"皇天无亲，惟德是辅。"①所以君主最重要的任务就是维持自己的德性，以保天命。只有保住了天命，才能延缓革命的到来，国家才能表现出国祚久永，传及子孙。所以方孝孺强调君之保德：

> 古之圣人知天下后世之变，非智虑之所能周，非法术之所能制。不敢肆其私谋诡计，而惟积至诚，用大德，以结乎天心，使天眷其德，若慈母之保赤子，而不忍释。故其子孙虽有至愚不肖者，足以亡国，而天下不忍遽亡之，此虑之远者也。②

> 欲知天命之永与促，视乎创业之主，可见矣。创业者之仁不仁，天命民心之所去就也。创业者不患法制之不修，刑罚之不严，而患乎教化不行，风俗不美。诚能施教化，美风俗，其后世虽有冥愚暴悍之主，天犹容而不遽绝之。周自文武以降，更足以亡国者数君而不亡，岂天私之而然哉？思创业者之德，而不忍也。③

天命是决定某个人受天命、为天子、理天下的决定性条件。这

---

① 杨伯峻编著《春秋左传注》，中华书局，1981，第309页。
② 《深虑论》一，《逊志斋集》卷二，第70页。
③ 《深虑论》七，《逊志斋集》卷二，第78页。

就为无上的君权设置了一个信仰上的制约者。方孝孺没有像孟子那样又将天意与民意打通，把现实中民的力量虚化为天的意志，使天命反而成为君主压制民意的最有利的工具。方孝孺承认民是一支客观存在的制约力量。天意在于以君养民，民意则要求得养，现实的民意为天意的制约君主提供了具体的力量。可见他以为民之反抗寻求一个理论位置的方式来更有力地制约君权，以使之不偏离君职。但是我们可以看出，方孝孺保天命的主要目的还是限定造反或革命的发生。方孝孺强调天命，对小民造反有很强的规范意义：一是严格限定革命主体，惟有获"天命"的人才能高举义旗、诛戮暴君；二是严格限定革命时机，在天命未绝之前，不得革命。也正是因为天命对革命的这种限定，方孝孺才认为在东周时期，中国历史上第一次出现君弱臣强的局面时，王朝与天子在名分上能得以长时期维系，其中一个重要的原因就是当时人们普遍认为周天子依然享有天命，革命时机未到。史载："楚子伐陆浑之戎，遂至于雒，观兵于周疆。定王使王孙满劳楚子。楚子问鼎之大小轻重焉。对曰：'在德不在鼎。……成王定鼎于郏鄏，卜世三十，卜年七百，天所命也。周德虽衰，天命未改，鼎之轻重，未可问也。'"[①] 所以我们可以肯定的是，方孝孺强调天命正是为了延缓革命的发生。他思考小民造反等力量，也不过是为了把这些力量重新拉回到君臣大义的框架中来。所以基于天命与革命结合的解释结构，方孝孺把小民造反的原因归结于其不知君臣大义。"使斯民皆知君臣之义，或有狂夫怪民出乎其间，众缚而

---

① 杨伯峻编著《春秋左传注》，中华书局，1981，第672页。

告于司寇，何乱之能成？"① 但是方孝孺以"君臣之义"否定小民反抗，这实际上是对儒家传统命题"汤武革命"的挑战。

三　汤武革命与君臣大义

对于"汤放桀，武王伐纣"是形式上的以臣弑君，以武力夺天下，传统儒家是认可的。孟子说："贼仁者谓之贼，贼义者谓之残，残贼之人，谓之一夫。闻诛一夫纣矣，未闻弑君也。"② 就是说纣已失天命，而汤、武这样革命的主体也得到天与民的共同承认，即得到了天命，借用孟子说舜的话，就是"使之主祭而百神享之，是天受之；使之主事而事治，百姓安之，是民受之也"。③ 可以看出，吊民伐罪在孟子那里是不放在君臣关系范畴下讨论的。后来的荀子、董仲舒也都支持这一观点。荀子说"天下归之之谓王，天下去之之谓亡"，汤武革命是"诛独夫"，故"汤武不弑君"。④ 董仲舒说："夏无道而殷伐之，殷无道而周伐之，周无道而秦伐之，秦无道而汉伐之。有道伐无道，此天理也，所从来久矣。"⑤ "有道伐无道"的文化内涵是由一位受天命的新圣王诛伐一位失去天命的旧暴君，以完成天发出的改朝换代的命令。所以认可"汤武革命"、承认"有道伐无道"的主要政治功能就是以天命、道义的名义解构原有的君臣关系，将以下犯上的事实说成新圣取代旧王。这在一定程度上解

---

① 《民政》，《逊志斋集》卷三，第81页。

② 《孟子·梁惠王下》。

③ 《孟子·万章上》。

④ 《荀子·正论》。

⑤ 苏舆：《春秋繁露义证》卷七，《尧舜不擅移汤武不专杀》，钟哲点校，中华书局，1992，第220页。

除了"君臣大义"的桎梏，提升了改朝换代活动的合理性。① 但是方孝孺本于自己对"汤武革命"的理解，对上述的观点表示了异议。他说：

> 若武王与纣之事见于书（指《史记》——引者按）最详，而迁乖乱之尤甚。牧野之兵非武王之志也，圣人之不幸也。《武成》载其时事，但曰"一戎衣天下大定"，不书纣之死者，为武王讳，且不忍书也。他书谓纣自焚死，意为近之。武王之于纣，非有深仇宿怨，特为民去乱耳。当斯时使纣悔过迁善，武王必不兴师而逾孟津。及纣兵已北，使纣不死而降，武王必将封之以百里之邑，俾奉其宗庙，必不忍加兵于其身也。况纣已死乎？吾意武王见纣之死也，不踊而哭之，命商之群臣以礼葬之矣。岂复有余怒及其既死之身乎？迁乃谓武王至纣死所，三射之，躬斩其首，悬于太白之旗，又斩其二嬖妾，悬于小白之旗。此皆战国薄夫之妄言，齐东野人之语，非武王之事。迁信而取之，谬也。……苟信迁之言，是使后世强臣凌上者，菹醢其君而援武王以藉口，其祸君臣之大义不亦甚哉！②

---

① 汤武革命是否合道义历来是一个有争议的问题，韩非认为是以臣弑君（韩非：《韩非子集释》卷十七，《说疑》，陈奇猷校释，上海人民出版社，1974，第925页），汉景帝时辕固生有"汤武与天下之心而诛桀纣"的说法，黄生则说："冠虽敝，必加于首，履虽新，必关于足……今桀纣虽失道，然君上也；汤武虽圣，臣下也夫主有失行，臣下不能正言匡过以尊天子，反因过而诛之，代立践南面，非弑而何也。"〔（汉）司马迁：《史记》卷一百二十一，《儒林列传》，中华书局，1959，第3123页〕

② 《武王诛纣》，《逊志斋集》卷四，第114~115页。

方孝孺一反过去儒家的传统论调，重新把汤武革命这一大事件放在君臣大义中讨论。他认为汤武革命已是违反君臣大义，但并不是圣人所意愿的，是"圣人之不幸也"。圣人既要保全君臣大义，又要为民去乱，其最佳方式莫过于君主自身能"悔过迁善"，这样就既保有了君主的地位，又保全了君臣大义。即使发生了以下犯上的战争，只要原有的君主不死，亦可以封之"百里之邑"，以全其君主之名号。方孝孺这样设想背后的理念是对君臣大义的保全。而《史记》所载的以暴力非人道的方式对待被推翻了的君主，让方孝孺深感不安。方孝孺不敢把这个错误归于儒家之圣人，只能归结于司马迁的记载有误。他认为如果后世信司马迁的话，就会使后世强臣以儒家圣人为借口，发动"篡弑"，祸害君臣大义。方孝孺以为魏晋时篡位时时发生，正是君臣大义不明的表现，他说：

> 曹氏以诈力得国，而不知所教。当是之时斯道（君臣大义——引者按）不明甚矣。故丕睿父子坐席未暖，而司马懿已睨其旁，而欲攘取之。临终涕泣托以幼孤。少不合意，则引其手而易其位，如易偶人然。公卿大臣迎合将顺，莫以为非。积习既久，至于弑君篡位以为常耳。①

方孝孺认为，当君臣之际已失，权臣完全可以假"天吏"之名，以武力篡夺政权。方孝孺认为虽然君主无道对人民是不幸的祸害，但是以暴易暴的革命，则使天下大乱，是更大的祸害。所以方孝孺严格限制背反君臣大义的条件，重申君臣分际在维持秩序上的作用：

---

①　《司马孚》，《逊志斋集》卷五，第169～170页。

先王立为上下尊卑之分，俾为臣者严守之而不敢僭，所以
杜乱也。……纣之暴可谓甚矣，箕子纣之戚，微子纣之兄，二
子皆贤人也。至亲且贤，事暴君而不失人臣之礼。……二子岂
不知社稷重于君乎？终不忍劫其君者，知君臣之大经重于社
稷也。①

综合上面各点可以看出，方孝孺反对革命权的原因在于它严重
地破坏了君臣大义。在方孝孺看来，且不论革命的结果如何，革命
必先破坏君臣之分际，打乱君臣上下的层次，才能进行。只有破坏
了君臣分际，才能起而推翻其上，改变原有的秩序。虽然"革命"
有可能成功，但是维系社会深层原则的君臣大义受到严重伤害，为
社会埋下了混乱的根源。如果不严格限定"革命"、"反抗"的条
件，加强对君臣大义的教育，则会出现"苟不知君臣之义，少不慊
所欲，则攘袂而起"②的现象。从这个意义上讲，方孝孺认为"君
臣之大经重于社稷"，因为它是维系任何朝代都必需的原则。由此可
见，方孝孺否定了臣民的革命权，其原因不在于君主本身有什么不
可侵犯之处，而在于君臣上下的分际不可破坏。加之方孝孺亲逢战
乱之余，饱受苛法肆虐之苦，所以更加注意防止革命所带来的暴力。
而且方孝孺论证革命问题的理论重心不是本朝取代前朝的合理性，
而是稳定本朝的统治，所以才以君臣分际来否定臣民造反的权利。
虽然如此，方孝孺较以往的思想家更具有现代性的地方在于他承认
小民造反的事实，并以之作为促使君主尽乎君职的手段，以弥补君

---

① 《鬻拳》，《逊志斋集》卷五，第 139～140 页。
② 《民政》，《逊志斋集》卷三，第 93 页。

主制度的缺陷。方孝孺无法超越君主制度，故不能否定该制度。但是方孝孺开始把君主当作一个客观的社会现象来讨论，这不能不说是对以往以道德理想范式来讨论君主现象的一种超越。

第二节 "正统思想"引领君权向善

一 正统之"正"

方孝孺虽然否定了民众能以"革命"的形式来推翻君主的统治，但是他看到了这种力量对君权的制约意义。与其"小民反抗"的思想相联系起来共同制约君权的是其正统论思想。方孝孺一反儒家历来"以天抑君"的理论导向，强调用"史氏"的正义立场来约束君权。方孝孺说：

> 天子之大柄受于天，而天不屑屑然与之较。古之圣人恐其无所畏而肆也，于是立史氏以书之。史氏者，所以赏罚天子，而立天下之大公于世。故天子之所赏而滥，天下莫敢问，史书得以夺之。天子之所罚而僭，天下莫敢言，史氏得以予之。天子之身所为有当否乎，其下者莫敢是非也，史氏秉大公之道是非之。故天子之赏罚信于当时，史氏之赏罚信于万世。天子之赏罚可以贱贵一世之人，而史氏之赏罚可以惩劝于无穷，荣辱于既死。君子谓史氏之柄不在天子下，彼以其位，此以其公也。①

---

① 《条侯传论》，《逊志斋集》卷五，第148～149页。

由于方孝孺的革命论是与其天命论紧密地联系在一起的，所以当他说"天子之大柄受于天，而天不屑屑然与之较"时，实际上是认定革命不能常有，也不能成为制约君权的常用方法。为了能在权力获得之初，特别是在君主的日常政治行为中时时刻刻约束君权，方孝孺提出"史氏"的作用，说"史氏之柄不在天子下，彼以其位，此以其公也"，把"史氏"作为"公意"的代表、"正义"的化身，立于君主"无所畏而肆"的对立面，形成所谓"位"与"公"的对立。

那么"史氏"是如何用"公"制约君权的呢？方孝孺对这方面的系统思考体现在他的正统论中。方孝孺正统论的提出，一方面是其思想体系规范君权的内在要求，而另一方面也是对明初社会状况的回应。方孝孺正统论的目的在于既要帮助明政权解决元朝政权遗留下来的文化观念上的威胁，使得当时知识界能整体上与明政权合作，又要规范明初的君权，纠正君主以一家一姓之私为天下大公的做法，使之回到儒家正统君道上来。①

---

① 元朝以少数民族统治中国全境，是华夏历史上前所未有过的事件。宋元之际的儒士面对如此大的变故，开始是反抗、抵制，多年之后则采取合作的态度，如著名理学家许衡就在元廷取得了较高的官位。承认了元的统治，也就意味着对元朝放弃了华夷的观念，将其视为正统。如元明之际的浙江儒士叶子奇业已仕明，作《草木子》，还称元帝为"上"，称元朝为"国朝"，称起义军为"盗"。[（明）叶子奇：《草木子》卷四，《谈薮篇》，中华书局，1959，第72~75页] 这是元末明初知识界的一个普遍现象。正因为元末儒士普遍持这种观念，所以他们才对各方割据势力持敌视态度，如明诚意伯刘基，在元朝时仕途虽累蹶坎坷，对其忠心却百折不改。至正十六年（1356），张士诚入据平江，朱元璋克金陵，元朝的统治已四分五裂，而刘基尚应元廷之征辟，为江浙行省都事，策划招捕方国珍。[《明史·刘基传》，第3777~3779（转下页注）

　　从理论源泉上讲，方孝孺认为正统论的观念来自于孔子的《春秋》及《春秋公羊传》中的"春秋大居正"和"王者大一统"的观

（接上页注①)页〕当明朝取代元朝后，知识界普遍抱为元守节之情，虽有身已为明臣者，但内心则深怀愧疚，对元廷念念不忘（钱穆：《读明初开国诸臣诗文集》，载于氏著《中国学术思想史论》第六册，台北东大图书股份公司，1993，第78～146页）。

　　寻其原因，明太祖由于是毫无知识背景的佃农出身，由造反的群雄起家，在夺天下、治天下过程中，始终不能与知识界做到关系融洽。但他网罗儒士，希望儒士们与他合作，共成太平之治。如洪武二年（1369）他即诏修《元史》，以网罗士望所归的名儒。修史毕，朝廷欲官诸人，诸人相率求去，几成当时风气，以求去相高，不得已明太祖再命纂礼书（参见《明史・太祖本纪》，第23页；钱穆：《中国学术思想史论》第六册，第156页）。明太祖为转变其在士林中的形象，花费了相当的心思。为了迎合士林以元为正统的观念，洪武四年（1371）明太祖祭元世祖于北平，洪武六年（1373）建历代帝王庙于钦天山之阳。洪武七年（1374）庙成，元世祖与汉高祖、唐高祖、宋太祖同祀一室，明太祖躬行祀礼。洪武二十一年（1388）其令每岁郊祀，附祭历代帝王于大祀殿；同年又以元臣木华黎等四杰从祀帝王庙（《明史・礼志》，第1291～1293页）。其祝文曰："惟神昔自朔土来主中国，治安之盛，生养之繁，功被人民者矣。夫何传及后世，不导前训，怠政致乱，天下云扰，莫能拯救。朕本元之农民，遭时多艰，悯众黎于涂炭，建义聚兵，图以保全生灵，初无黄屋左纛之意。岂期天佑人助，来归者众，事不能已，取天下于群雄之手，六师北征，遂定于一。"（台湾"中央研究院"历史语言研究所校印《明太祖实录》卷九十二，第1605页）

　　虽然明太祖从天命论中为自己寻找代元的证据，说他的天下是取之于群雄之手。但明太祖与汉高祖二人所处时代已经不同。秦末汉初社会上流行有暴秦当亡的观念，故反秦为正义之举。而至元末明初，儒学之纲常观念濡染世人已久，士林通常将反元起义视为犯上作乱的大逆不道之行。故许多儒士恪守忠节观拒绝和明太祖合作，即使是和他合作者，亦常怀臣节有亏的遗憾。儒林不合作则意味着正统的伦理社会拒绝接受明朝的兴起，也就是对朱元璋做皇帝合理性的怀疑。天命论似乎赋予了明太祖取天下的正当性，但在知识界看来这不足以弥补他对元朝违背君臣大义的道德缺憾。这种天命与纲常的矛盾，使他不能有力地说明他统治的合理性和反对他的统治的不合法性。这就是明初知识分子不与他合作的文化根源所在。

念。他说:

> 正统之名何所本也? 曰本于《春秋》。何以知其然也?《春秋》之旨虽微,而其大要不过辨君臣之等,严华夷之分,扶天理遏人欲而已。……《传》曰"春秋大居正",又曰"王者大一统",此正统之名所由本也。于乎,后之言正统者,其可戾《春秋》以为说乎?①

所谓正统论本属于历史编纂学理论范畴,也是中国古代政治学说中的重要论题。它是为适应判断王朝更替、君位承继的合法性及历代王朝的历史地位的需要而产生的"编年之学"、"统纪之学"。②

---

① 《后正统论》,《逊志斋集》卷二,第 64 页。

② 正统论关键在"统"字,"统"字从训诂上看,本义为丝之头绪,引申为一脉相承之系统。《淮南子·泰族训》:"茧之性为丝,然非得工女煮以热汤而抽其统纪,则不能成丝。"然《春秋公羊传》"何言乎王正月? 大一统也"所说的"一统",何休注曰:"统者,始也。"〔(汉)何休:《春秋公羊传解诂·隐公元年》,《四库全书》〕将其引申为一时间概念。秦统一天下后,"统"始有空间的意义。《史记·李斯传》:"夫以秦之强,大王之贤,由灶上骚除,足以灭诸侯,成帝业,为天下一统,此万世之一时也。"〔(汉)司马迁:《史记·李斯传》,中华书局,1959,第 2540 页〕故正统论多从时间与空间两个角度立论,即何者为始与地域之统一。故正统论逐渐演变为两大理论系统:一是依据战国邹衍的"五德终始"说,以金、木、水、火、土所谓"五德"的方位嬗递,来计年次定正闰;一是依据《春秋公羊传》"故君子大居正"及"何言乎王正月? 大一统也"等所云"居正"与"一统"的说法推衍理论。前者强调的是时间的赓续,有目的论的色彩,后者强调的是空间范围内的正统地位,带有政治、文化等方面道德判断的意味。后者以欧阳修阐述得最为系统,他说:"《传》曰:'君子大居正。'又曰:'王者大一统。'正者,所以正天下之不正也;统者,所以合天下之不一也","夫居天下之正,合天下于一,斯正统矣。"其影响愈来愈大,成为正统论的重心,显然方孝孺也是受了欧阳修的影响,其正统论着眼处是君主一统之权力与道德之间的关系。

方孝孺以为正统论的精神源自于孔子作《春秋》的褒善贬恶、"《春秋》微言大义"的精神。据说孔子曾编纂、删改《春秋》,孟子曰:"孔子作《春秋》,乱臣贼子惧。"① 所以后世论正统者往往以孔子的春秋笔法为依据,奉之为"统纪之学"的典范和理论基础。如南宋的叶适认为"孔子殁,统纪之学废"②。方孝孺明确提出其纂写正统论的目的是"寓褒贬,正大分,申君臣之义,明仁暴之别,内夏外夷,扶天理而诛人伪"③,属发扬《春秋》精神则无疑。

方孝孺的正统论是针对朱子"正统即一统"的观点提出的。朱子说过:"只天下为一,诸侯朝觐狱讼皆归,便是得正统。"④ 朱子的正统论观点是从单一的政权角度立论的。方孝孺则不然。他把历史上一统过的政权分为五种类型。他说:

> 仁义而王,道德而治者,三代也;智力而取,法术而守者,汉、唐、宋也;强致而暴失之者,秦隋也;篡弑以得之,无术以守之,而子孙受其过者,晋也;其取之也同而身为天下戮者,王莽也。苟以全有天下,号令行乎海内者为正统耶,则此皆其人矣。⑤

在方孝孺看来,如果仅以政权的统一这一单一的标准来确定朝代是否符合正统,即正统即一统,这五个朝代皆可入正统。但是显

① 《孟子·滕文公下》。
② （宋）叶适:《水心集》卷十二,《纪年备遗序》,载于台北商务印书馆影印文渊阁《四库全书》,第1164册,第238页。
③ 《释统上》,《逊志斋集》卷二,第60页。
④ （宋）黎靖德编《朱子语类》卷一百五,中华书局,1994,第2636页。
⑤ 《释统上》,《逊志斋集》卷二,第59页。

然这五种类型的君主在权力与道德的关系上，即在纲常上是不同的。这便是朱子正统理论的极大漏洞。方孝孺说：

> 然则汤武之与秦隋可得而班乎，汉唐之与王莽可得而并乎？莽之不齿乎正统久矣，以其篡也。而晋亦篡也，后之得天下而异乎晋者寡矣，而犹黜莽，何也？谓其无成而受诛也。使光武不兴，而莽之子孙袭其位，则亦将与之乎，抑黜之乎？昔之君子，未尝黜晋也，其意以为后人行天子之礼者数百年，势固不得而黜之。推斯意也，则莽苟不诛，论正统者亦将与之矣。呜呼，何其戾也！正统之说，何为而立耶？①

方孝孺认为如果按照朱子的正统理论，那么显然三代、汉、唐、宋，甚至晋、秦、隋都拥有正统的地位。但是如果从伦理、道德的角度来看待政权统一，那么它们不能处于同等的地位。如果仅以历史事实为根据而把它们放在伦理纲常的同等位置上，那么这样的正统理论仅是对强权者的歌功颂德，是对圣贤的污蔑，也是对纲常的破坏，正统论的褒善贬恶精神也就不复存在了，正统论也就不成立了。那么，正统论的立论根据在哪里呢？他说：

> 苟以其全有天下，故以是名加之，则彼固有天下矣，何不加以是名也？苟欲假此以寓褒贬，正大分，申君臣之义，明仁暴之别，内夏外夷，扶天理而诛人伪，则不宜无辨，而猥加之以是名，使圣智夷乎暴桀，顺人者等乎逆弑也。②

---

① 《释统上》，《逊志斋集》卷二，第59页。
② 《释统上》，《逊志斋集》卷二，第59~60页。

方孝孺显然是将正统与一统区别对待的，一统仅指政权统一，不含有道德意义，而正统不仅指政权统一，更强调“正”对“统”的规范作用，也就是纲常对君主权力的制约作用。饶宗颐先生说：“依春秋褒贬之例以论史，则发生史实与道德关联问题。……其兼顾名实，而决不肯放弃道德观念，以致建立二元说者……方孝孺（分正统与变统）是也。”①

在方孝孺的正统论中，“正”、“义”、“纲常”是同一个范畴的，“统”、“势”、“权力”则是同义。方孝孺认为，他的正统论讨论在势与义之间，撰史者是应该主持正义，抑或应以得势者的历史事实作为衡量历史的标准。方孝孺主张知识分子对于历史负有道义上的责任，必须超越已成之史实和具体的时代，以一相对恒常的“道”，对历史做出道德评判，以能针砭罪恶，褒扬善行。方孝孺说：

> 盖其所可致者，势也，不可僭乎后世者，义也。势行于一时，义定于后世。义之所在，臣不敢私爱于君，子不敢私尊于父。大中至正之道质诸天地，参诸鬼神而不惑也。②

在方孝孺看来，假若史家屈从于既成的历史事实，仅以历史的结果作为评判的归依，必“使圣智夷乎暴桀，顺人者等乎逆弑”，形成“胜者王侯败者贼”的理论漏洞。史家及读史者也必然随之失去应有的正义立场。历史则变成只知为胜利者歌功颂德、为强权

---

① 饶宗颐：《中国史学上之正统论》，上海远东出版社，1996，第75～76页。
② 《释统下》，《逊志斋集》卷二，第62页。

涂脂抹粉的奴才，"不亦长侥幸者之恶，而为圣君贤主之羞乎？"饶宗颐先生赞叹方孝孺说："反观……方孝孺辈，其所争取者，一本乎正义之真是非，而非一时相对之是非，不特不屈服于某种政治之下，且不屈服于已成历史之前，其见识伟矣，其人格琼矣，此诚'贯天地而无终敝，故不得以彼之暂，夺此之常'（姚鼐《方正学祠重修记》——原文如此——笔者按）历史之真是非，正在其常，而非一时之是非所可夺也。"①

二　正统与变统

那么方孝孺认为"正"的标准是什么呢？方孝孺正统之"正"与其君主思想联系在一起，指政权能不能归于正统，关键在于君主正与不正。方孝孺说：

> 所贵乎为君者，岂谓其有天下哉？以其建道德之中，立仁义之极，操政教之原，有以过乎天下也。有以过乎天下，斯可以为正统。②

> 正统之君非吾贵之也，变统之君非吾贱之也。贤者得民心，得民心，民斯尊之矣。民尊之，则天与之矣，安得不贵之乎？非其类，无其德，民必恶之。当时恶之，后世以其位而尊之，则违乎天矣，故不得不贱之也。贵不特于其身，而又延及于子孙。虽甚愚不肖，苟未至于亡国，犹尊之以正统之礼。贱不特于其身，而其子孙虽有贤知之才，亦不能掩其恶。夫如是，而

---

① 饶宗颐：《中国史学上之正统论》，上海远东出版社，1996，第77页。
② 《释统中》，《逊志斋集》卷二，第61~62页。

后褒贬明；夫如是，而后劝戒（"戒"通"诫"——引者按）著；夫如是，而后正统尊，奸邪息，夷狄惧。①

方孝孺认为正统朝代之所以正，在于君能"建道德之中，立仁义之极，操政教之原，有以过乎天下"。"建道德之中"，即建道德之本，《大学》云"中也者，天下之大本也"；"立仁义之极"，语出《易·说卦》，原文为"立人之道曰仁与义"。"政教之原"，语出《淮南子·说林训》。夏曾佑解释说："大约古人政教不分，其职任皆属于天子，而天子所以操政教之原者则为孝。故明堂大祭，为政教至重大之事，至深之理。"② 故"道德之中，仁义之极，政教之原"的基本含义是"仁"、"孝"，所以在方孝孺看来，君的含义是不仅在于他有权力，而更在于他利用权力将"仁"、"孝"等伦理道德推广到全天下，这样的君主才能称为正统之君主，"有以过乎天下，斯可以为正统"。事实上我们已经能看出，方孝孺的正统论是以伦理道德来规范君权的取得与运用的。对于具体为君之职务，方孝孺说：

> 夫天之生此民，好恶嗜欲之不齐，不有以主之，则纷争而靡定。故简圣贤之人，授之命，为之主，同其好恶，节其嗜欲。明君臣、父子、夫妇、长幼之伦以教之；为衣服、等杀、交际、吉凶之礼以文之；拔洪水、猛兽、蛇虫、夷狄之害以安之。③

---

① 《释统中》，《逊志斋集》卷三，第 62 页。
② 夏曾佑：《中国古代史》，台北商务印书馆，1994，第 33 页。
③ 《后正统论》，《逊志斋集》卷二，第 66 页。

在方孝孺看来，君将权力与人伦之道、儒家的礼仪节文和制民之产相统一的君主才是正统之君。方孝孺所说的正统之君，实际上是孟子所说的仁心仁政之君，是君、师的合体，是人伦的代表。正由于他是人伦的代表，所以得民心，民归之，则天命予之。总而言之，方孝孺正统论的标准为君必须具备恒常的几大要素：一曰天命民心归之；二曰大一统（政权统一）；三曰君权的取得符合王道与纲常。一个王朝其开创者至少具备这几大要素方可纳入正统。如果我们跳出方孝孺正统论的内部而从其整体上分析，则可以看出，方孝孺的正统论还是以制约君权为其中心目的。他以超越时空相对恒常的伦理标准来衡量历史上各种类型的君主，将君权运用时能得民心、符合王道与纲常以及尊华攘夷者尊为正统之君；将使用欺诈取得权力者或用君权以虐民者归于变统。他抑变统、扬正统，力图将权力引领到善的领域。

变统，方孝孺是以之作为正统的对立面来论述的。无变统，则正统无以明，也不能彰显正义权力的可贵。他说：

> 正统之说立，而后人君之位尊；变统之名立，而后正统之说明。举有天下者，皆谓之正统，则人将以正统可以智力得，而不务修德矣，其弊至于使人骄肆而不知戒。举三代而下皆不谓之正统，则人将以正统非后世所能及，而不勉于为善矣，其弊至于使人懈怠而无所劝。其有天下同也，惟其或归诸正统，或归诸变统，而不可必得，故贤主有所劝，而奸雄暴君不敢萌陵上虐民之心。……故正统以处其常，而参以变统，然后其变可得而尽也。[①]

----

① 《释统中》，《逊志斋集》卷二，第61页。

那么什么是"变统"呢？

奚谓变统？取之不以正，如晋、宋、齐、梁之君，使全有天下，亦不可为正矣。守之不以仁义，戕虐乎生民，如秦与隋，使传数百年，亦不可为正矣。夷狄而僭中国，女后而据天位，治如符坚，才如武氏，亦不可继统矣。二统立而劝戒之道明。①

方孝孺以为篡臣、贼后、夷狄得大位而不能进于正统是先王之道，圣人之意。因为在方孝孺看来，夷狄的可恶之处在于其乱华，而篡臣、贼后的可恶之处在其乱伦。他说：

彼篡臣、贼后者，乘其君之间，杀而夺其位，人伦亡矣，而可以主天下乎？苟从而主之，是率天下之民无父无君也。是犹可说也，彼夷狄者，牝母烝杂，父子相攘，无人伦上下之等也，无衣冠礼文之美也。故先王以禽兽畜之，不与中国之人齿。苟举而加诸中国之民之上，是率天下为禽兽也。夫犬马一旦据人之位，虽三尺之童皆能愤怒号呼，持梃而逐之。悍婢奸隶杀其主，而夺其家，虽犬马犹能为之不平而噬啮之。是何者？为其乱常也。三者之乱常无此异矣。②

自三代以后，君权的获得与传承有两大基本形式：易姓更王与宗祧继承。前者是改朝换代，笔者已在本章第一节中讨论过。后者为一个君主家族内部的传承，通常实行嫡长子继承制，由嫡长子代

---

① 《释统上》，《逊志斋集》卷二，第61页。
② 《后正统论》，《逊志斋集》卷二，第66~67页。

表宗族和实施祭祀宗庙之权。在家天下的模式下，君权家族私有得到儒家的支持。经过长时期的儒家教育，人们普遍认为其将王位传于子孙是天经地义的事，并上升到了信仰的高度。孟子说"天与贤，则与贤；天与子，则与子"①，只要符合天意，传子也是合法的。因此，只要君位的获得符合了宗祧继承法规，即可入正统，否则就不能入正统。所以在家天下的体系中，帝王的血统必然成为公认的确定正统的极为重要的标准。所以臣踞君位、女踞男位都违背了此原则，故不能入于正统。方孝孺判其为乱伦的意义也就在这里。

方孝孺立变统的目的还在于他试图纠正明初士人的华夷观念。②

---

① 《孟子·万章上》。
② 在元末大乱之后，士人对新政权所抱持的看法各不相同，有的庆贺，有的惧怕，同时因久受元朝统治，有许多读书人选择隐居，不愿出仕，这与传统"学而优则仕"的观念形成了强烈的对比。到底元朝的遗民是要忠"君"还是爱"国"？此即牵涉元代政权的正统性，其背后的关键就是夷夏观念的民族思想。

春秋时期，华夏常有"披发左衽"的危险。孔子著《春秋》，辨君臣之等、严华夷之分为其两大理论贡献。后世儒家在学术继承上各有所偏，一般来说没有像重视君臣之等那样重视华夷之分。北朝南下时，"除道士利用种族文化观念以为卫教之工具外，儒家殆少有申明膺攘之义者"。两宋理学家面对激烈的民族战争，却大力提倡身心性命之学、三纲五常之教，对夷夏大防反少致意，故朱子在正统论问题上有"正统即一统"的观点（萧公权：《中国现代学术经典·萧公权卷》，河北教育出版社，1999，第452~453页）。到了元末，正统论非常关注民族问题。考察胡翰的《胡仲子集》卷一《正纪》篇的主要论点，胡翰提出天纪、地纪和人纪。所谓天纪，是指天子受命于天；地纪，是指中国与夷狄有内外之辨；人纪则是指五伦之立。他说："以中国治中国，以夷狄治夷狄，势至顺也。"又说："以夷狄处者，以夷狄与之。"此外，杨维桢提出"道统者，治统之所在也"，将正统融入道统之中，而列出自孔孟至朱子、许衡的道统，由此言道统在宋不在辽金，故元承宋为正统，以道统的观念，从文化上言夷夏正统。此时的正统论开始从强调文化上的先进与落（转下页注）

他说：

> 曰夷狄之不可为统，何所本也？曰，《书》曰"蛮夷猾夏，寇贼奸宄"，以蛮夷与寇贼并言之。《诗》曰："戎狄是膺。"《孟子》曰："禹遏洪水，驱蛇龙，周公膺戎狄。"以戎狄与蛇虫、洪水并言之。《礼》之言戎狄详矣。异服异言之人恶其类夷狄，则察而诛之，况夷狄乎！孔子大管仲之功，曰："微管仲，吾其被发左衽矣"，"如其仁"。管仲之得为仁者，圣人美其攘夷狄也。①

方孝孺说："篡臣、女主之不得与于正统，古已有之，惟夷狄之全有四海，创见于近世，故学者多疑焉。"② 由此可知方孝孺攘夷狄是开时代风气之先。他说："夫中国之为贵者，以有君臣之等，礼义之教，异乎夷狄也。无君臣则入于夷狄，入夷狄则与禽兽几矣。"③ 方孝孺的这些论述是有的放矢的。其目的在于纠正偏离华夏文化的观念。元为北狄入主中国，四海臣服，百年之内，生民在它的统治之下长子育孙，"昔既为其民矣，而斥之以为夷狄，岂不骇俗而惊世哉"。④

(接上页注②)后，转而愈加强调文化与国家的关系；不仅重视政统一天下，更重视道德上的"得天下之正"，甚至将道德意义上的"得天下之正"，置于政治上的"一天下"之上。而道德上"得天下之正"的主要问题就是所谓的"夷夏之辨"，即是否以汉族为政权核心。方孝孺以夷狄为变统之一，就是在这种理论背景下提出的。

① 《后正统论》，《逊志斋集》卷二，第68页。

② 《题桐庐二孙先生墓文后》，《逊志斋集》卷十八，第653页。

③ 《后正统论》，《逊志斋集》卷二，第65页。

④ 《后正统论》，《逊志斋集》卷二，第66页。

明代元兴，不予以观念上的矫正，就不足以彻底动摇元朝在人们心中的正统地位；不予以矫正，就不足以完全赢得人们对明政权的认同。但我们也应看到，方孝孺虽严格区分了夷夏的血统不同，但仍是个文化主义者。他以文化之不同来区分民族。所以当有人问过去为夷狄，现在服膺于华夏文化是否还是夷狄时，方孝孺说："自秦以来，袭礼义而为中国者二千年矣，人伦明而风俗美，乌得与夷狄比乎？"①

三　正统与革命

方孝孺对正统、变统进行区别的方法就是用不同的史书编纂方法标志之，以彰显正统之美与变统之恶。方孝孺说："吾固曰：不比之于正统而已，非废之也。不废其迹而异其辞，则其为戒也深矣。"② 方孝孺从史书编纂体例上对正统与变统分别做出了详细的区分，例如所谓正统：

> 正统之君始立，则大书其国号谥号纪年之号。凡其所为必书，所言必书，祀典必书，封拜必书。书后曰"皇后"，书太子曰"皇太子"。后及太子殁，皆曰"崩"，葬其书"其陵"，其"谥"，有事可纪者纪其事。所措置更革曰诏曰"令"，曰"制"。兵行曰"讨"，曰"征"，曰"伐"。施惠曰"赦"，曰"大赦"。施刑当罪曰"诛"，曰"伏诛"。违上与兵者曰"反"，曰"作乱"，曰"犯"，曰"寇"，曰"侵"，背之者曰

---

① 《后正统论》，《逊志斋集》卷二，第68页。
② 《后正统论》，《逊志斋集》卷二，第68～69页。

"叛"。其邻国，其臣慢之者，必因事贬之。知尊正统者，虽微必进之。不幸而至于衰微，受制于强暴，或屈而臣之。强暴者诚夷狄也，诚不可为正统也，则盗贼之雄耳，必慎抑扬予夺之辨。其以兵侵也，曰"入寇"，得地曰"陷"，据都曰"据"，至阙曰"犯"。居正统之君，必易辞书其故。见杀曰"弑"，而书其主之名。及其主之没也，特书曰"死"。其党之与谋、陈力得罪于正统者，虽功多皆书曰"死"，以着其罪，以绝其恶。得中国之地，其民有思中国而叛之者，曰"起兵"，以地降者曰"来归"。不为中国而反者，彼亦不得而盗贼之也，亦曰"起兵"。得郡则曰"取某郡"。其诱正统之臣曰"诱"，执曰"执"，杀曰"杀"，将相则名其主。正统之臣降于夷狄，则夷狄之。死不曰"卒"，而曰"死"。凡力能为正统之患者灭亡，则异文书之，以致喜之之意。正统乱亡，则详书而屡见之，以致惜之之意。①

所谓变统，方孝孺说：

变统之异于正统者，何也？始一天下而正统绝，则书甲子，而分注其下，曰是为某帝某元年，书国号而不书大，书帝而不书皇，书名而不着谥。其所为，非大故不书，常祀不书，或书以志失礼，或志礼之所从变则书。立后不书，尊封其属不书，非贤臣，虽王公拜、罢、卒、葬不书。行幸晨闹得失不书，诏令非有更革不书。其崩曰"徂"，后死曰"死"，大臣曰"卒"，

① 《释统下》，《逊志斋集》卷二，第 62～63 页。

佐篡弑，赞征伐，以危正统者，曰"死"。聚敛之臣曰"死"，酷吏曰"死"。浮屠之位尊，而因事得书者，曰"死"。毁正统陵庙宫室，名其主，用兵不曰"讨"，不曰"征伐"。刑其人不曰"诛"。天下怨而起兵，恶而起兵，不曰"反"。恶乎篡弑，非恶乎君也，恶乎夷狄，恶乎女主，非其君，故不得以君道临之也。惟于其臣，于其部落，则得致其罪。士之仕变统者，能安中国则书，能止暴乱除民害则书。能明道术于后世则书。有愈贵而愈贱者，有愈贱而愈贵者。利禄宠幸之臣，愈贵而愈贱也，守道不污之士，愈贱而愈贵也。①

值得我们注意的是，方孝孺在革命论中反对赋予臣民的革命权，当他说"天下怨而起兵，恶而起兵，不曰反"时，却又将革命权赋予了臣民，用来对"变统之君"使用。可见方孝孺并不是一概反对所有类型的小民反抗。在他看来，如果有权者先违背了君臣大义和君主的职责，臣民是可以以暴力的手段来推翻其权位的。方孝孺的革命论与正统论正是联合起来对君权进行制约的。但是受时代所限，方孝孺不能从理论上标明反对不合格的君主，而是采取迂回的方法，先抑制、弱化小民反抗可能造成的暴力危险，再以小民反抗制约违背君职者，确保当权者能够在善的领域中行使权力。这也正是其正统论与革命论相辅相成之处。我们可以看出，方孝孺的革命论与正统论具有共同的价值标准和核心内容，但在功能上又有所分工。其革命论着重于规范与改朝换代有

---

① 《释统三首》，《逊志斋集》卷二，第 63～64 页。

关的君主的行为；正统论着重于品评已经发生的王朝更替、君位
继承事件，进而做出定位性的历史评价。创业之君可以纳入"正
统"，在这个意义上，"正统"肯定了历史上的"革命"；"正统"
不容窃、僭、篡、攘，否则将被纳入伪、绝、篡、逆之列，在这
个意义上，正统又严格限定了革命。其最终形成一个理论是对正
统之君不可革命，而对变统之君可以造反。可见方孝孺在革命论
与正统论中所做的一切努力都是为了引领君权向善。二者共同支
撑起方孝孺规范君权的理论。

第三节 士民自治倾向

一 乡族理论的来源

基于对帝王私心的认识，方孝孺创制了诸多制约君权的理论。
但是方孝孺并没有足够的信心认为这些措施可以保证君主能化私
为公，以完成对人民养教的政治任务。洪武十五年到洪武二十五
年（1382~1392）期间，方孝孺居乡读书，冷静地观察了这一时
期明太祖种种自私、残暴的行为，对君主能否担起养教人民的责
任感到极为失望，故思考既脱离君主政治的残暴，又能够让士民
得养教的方法。通过系统研究，方孝孺认为靠士民自身的力量即
可以解决自身的养教问题。这就是方孝孺的乡族理论所要达到的
目的。

从思想根源上说，方孝孺的乡族理论来源于《周礼》和北宋以
降的理学传统。方孝孺推崇《周礼》。他曾说，"《周礼》，余之所最

爱"①。方孝孺早期的乡族理论就是从肯定乡遂制度开始的。"乡遂者，直隶于天子而行自治之制之区域也。王城为中央政府，王城之外郊甸之地，即自治之地方。"② 乡遂的具体情况在《周礼》中有详细的记载。《周礼·大司徒》："令五家为比，使之相保；五比为闾，使之相受；五闾为族，使之相葬；五族为党，使之相救；五党为州，使之相赒；五州为乡，使之相宾。"③《周礼·遂人》曰："五家为邻，五邻为里，四里为酇，五酇为鄙，五鄙为县，五县为遂。"④ 这就是在"国"为乡制，在"野"为遂制的乡遂制度。其法与乡制同。每一等级都有一个负责人，在乡制中，分别称为比长、闾胥、族师、党正、州长、乡大夫，在遂制中分别称为邻长、里宰、酇长、鄙师、县正、遂大夫。他们各有专职，受命于上，转达于下，如乡大夫"掌其乡之政教禁令。正月之吉，受教法于司徒，退而颁之于其乡吏，使各以教其所治，以考其德行，察其道艺"⑤。周礼的"乡遂制度"是方孝孺乡族理论的原型。

方孝孺的乡族理论还汲取了理学内部发展出的乡族理念成果，特别是关学与闽学。张载关学最大的特点表现为"躬行礼教"，刘宗周曾经说过："关学世有渊源，皆以躬行礼教为本。"⑥ 张载"躬行

---

① 《周礼辨疑》，《逊志斋集》卷四，第112页。

② 柳诒徵：《中国文化史》上册，中国大百科全书出版社，1988，第131页。

③ （清）孙诒让：《周礼正义》卷十九，《大司徒》，王文锦、陈玉霞点校，中华书局，1987，第751页。

④ （清）孙诒让：《周礼正义》卷二十九，《遂人》，王文锦、陈玉霞点校，中华书局，1987，第1121页。

⑤ （清）孙诒让：《周礼正义》卷二十一，《乡大夫》，王文锦、陈玉霞点校，中华书局，1987，第839页。

⑥ 《明儒学案·师说》，第11页。

礼教"的意义，实际上是儒家社会理想的价值导向：在一个由血缘关系组合而成的宗法社会中，既有长幼尊卑的等级秩序，又将秩序的因素融入血浓于水的骨肉之情，以达到"幼有所养，壮有所用，老有所归"，均平、温饱、安康。张载的弟子吕大钧等，撰《吕氏乡约》一卷，就是对这种价值理念的实践。"人之所赖于乡党邻里者，犹身有手足，家有兄弟。善恶利害皆与之同，不可一日而无之。"① 故其乡约规条以理学为宗旨，有德业相劝、过失相规、礼俗相交、患难相恤等四条。每条之下又有详则。如"德"包括见善必行，闻过必改，能治其身；能治其家，能事父兄，能教子弟，能御童仆，能事长上，能睦亲故等二十一项。"过"则包括犯义之过六，犯约之过四，不修之过五等等。南宋淳熙年间，朱子又为之增删，定名为《增损吕氏乡约》，遂使《吕氏乡约》声名更噪，后儒时多诵读。方孝孺无疑从中汲取了养分。

于现实社会环境言之，方孝孺能于明初提出乡族理论，亦赖于明初的政治环境。明初朱元璋在总结历史经验的基础上，自出胸臆，建立了一套严密的社会控制体系。"其法以一百一十户为里。一里中，推丁粮多者十人为之长，余百户为十甲，甲凡十人，岁役里长一人，甲首十人，管摄一里之事。"② 里甲设立之后，"命天下郡县编赋役黄册"③。为了把政治权力延伸到最基层的乡村，朱元璋赋予

---

① （宋）吕大忠：《吕氏乡约》，载于《续修四库全书》编纂委员会《续修四库全书》第 934 册，第 252 页。

② 台北"中央研究院"历史语言研究所校印《明太祖实录》卷一百三十五，第 2143 页。

③ 台北"中央研究院"历史语言研究所校印《明太祖实录》卷一百三十五，第 2143 页。

里、甲广泛的管理职能：追征钱粮，勾摄公事，与天祭祀鬼神，接应宾旅，官府有所征求，民间有所争斗，见役者所司。① 一里之内行政事务皆归里甲。方孝孺居家读书时，详细考察过这种政治制度，以其为实际的参照，增添损益，形成自己的乡族理论。

二 乡族"养"与"教"的功能

方孝孺说："君子之道，本于身，行诸家，而推于天下，则家者身之符，天下之本也。"② 方孝孺由此将士君子在社会养教目标的责任，由被动变为主动。

方孝孺建立乡族制度的首要目标是实现在生产条件上的平均和生存条件的平等。他认为社会稳定的根本在于用国家权力或其他措施消除自然形成的社会不平等，让人人拥有一定的生活和生产资料，以使人人都获得生存权利。他说："富者之威上足以持公府之柄，下足以钳小民之财。公家有散于小民，小民未必得也；有取于富家者，则小民已代之输矣。富者益富，贫者益贫，二者皆乱之本也。"③ 经济条件上的不平等是社会最大的乱源，是妨碍人生存的障碍。如果人不能生存，则只有起来造反。他说："使陈涉、韩信有一厘之宅，一区之田，不仰于人，则且终身为南亩之民，何暇反乎？"④ 所以方孝孺把消除经济上的贫富悬殊作为其乡族理论的首要目标。方孝孺

---

① 参见（明）丘濬《大学衍义补》卷十八，京华出版社，1999，第 176～184 页。

② 《宗仪九首》，《逊志斋集》卷一，第 41 页。

③ 《与友人论井田》，《逊志斋集》卷十一，第 384 页。

④ 《与友人论井田》，《逊志斋集》卷十一，第 384～385 页。

所提出的方法就是恢复井田制。但是必须提及的是，方孝孺恢复井田制的目的不在于复古，而在于实现经济上的平等。对于井田制在这方面的作用，张载曾经说过："治天下不由井地，终无由得平。周道止是均平。"① 方孝孺自己也认为仁义之行，贵在各得其所。他论井田制是与乡族制度结合在一起的。他说："井田废而天下无善俗，宗法废而天下无世家。"② 方孝孺认为要实现经济上的保障，防止富强欺凌贫弱，只能在宗族内完成："一乡之中，一姓之人，少者数十家，多者数百家。其贫富贵贱强弱之不同，至相悬也。苟无谱以列之，几何富者之不侵贫，贵者之不凌贱，强者之不暴弱也乎！得其人，谨书之于谱，取而阅之，曰：是虽贱，与吾同宗也。是虽贫，与吾同族也。是虽弱，亦吾祖之子孙也。默而思之，盖怳然悲而惕然惧矣。"③ 可见宗族是防止贵贱相凌的屏障。如此才使得"得天厚者，不自专其用，薄者亦有所仰，以容其身，然后天地之意得"。④

　　方孝孺以为自己的乡族理论能"试诸乡间，以为政本"⑤，可以取代政治力量完成养教任务。方孝孺认为，如果能在宗族中将儒家的人伦价值取向植入每个宗族成员心中，则在宗族内即可以完成养教的任务。他说：

　　　　君臣、父子、兄弟、夫妇、朋友五者，天伦也。悖天伦者，

---

① （宋）张载：《经学理窟·周礼》，载于《张载集》，中华书局，1978，第248页。

② 《宗仪九首》，《逊志斋集》卷一，第45页。

③ 《楼氏宗谱序》，《逊志斋集》卷十三，第465页。

④ 《宗仪九首·体仁》，《逊志斋集》卷一，第57页。

⑤ 《宗仪九首·体仁》，《逊志斋集》卷一，第57页。

天之所诛，人之所弃。生不齿，死不服，葬不送，主不入祠，谱不书其名。行和于家，称于乡，德可为师者，终则无服者为服缌麻，有服者如礼。祭虽已远犹及。虽无主祭者犹祭。①

方孝孺认为宗族制度的目标在于启发人之善性，并把它定为影响人们日常生活的制度。方孝孺说：

婚姻相赒，患难相恤，善则劝，恶则戒，临财能让，养亲事长能孝而弟，亲姻乡里能睦而顺，其行有足书举书之。累有足书者，死则为之立传于谱。其有犯于前所训者，亦书之。能改则削之。久而愈甚，则不削而书其名。②

典礼以谱至，北向坐读之。长者命众坐，众坐听。善恶之在书者，咸读无隐。③

顾炎武曾经说："有人伦然后有风俗，有风俗然后有政事，有政事然后有国家。"④ 方孝孺"以为政本"的目的，其乡族理论实能当之。

三　乡族理论的内容

然而方孝孺知道抽象的道理不如具体的礼仪制度。具体的礼仪制度，直接作用于身体与行为，作用于血气，人的心理情致随之

---

① 《宗仪九首·谨行》，《逊志斋集》卷一，第 54 ~ 55 页。
② 《宗仪九首·尊祖》，《逊志斋集》卷一，第 43 页。
③ 《宗仪九首·广睦》，《逊志斋集》卷一，第 48 页。
④ 顾炎武：《顾亭林诗文集》卷五，中华书局，2008，第 108 ~ 109 页。

变化，其教化作用深入而效果明显。所以方孝孺精心设计了具体的乡族制度。

首先是宗族组织。方孝孺所欲建立的宗族组织，是基于宗族意识下，同族成员自动结合，以互助的力量，达到养教社会目的的宗族组织。所以，在方孝孺看来，宗族意识是宗族组织创立的前提条件。所谓宗族意识，就是宗族成员能自觉地有对有血缘关系的人休戚荣辱与共的心理，能共同负担起彼此的养教义务。方孝孺认为这种宗族意识源于人的人性。他说：

> 人之异于物者，以其知本也。其所以知本者，以其礼义之性，根于天，备于心。……人虽至昏弱也，甚无知也，过祖先之墓，未有不动心者。时焉而祀其先，语及其遗事，未有不叹泣也。……知有其身而不知身之所自出，是谓禽犊之民。知奉其身，而不恤吾身之所同出，是谓痿痹之民。是二者虽色貌为人，而其身物化也久矣。①

方孝孺认为人对自己的祖先，天生就有感应之心，这是天赋予人的良知良能，不待后天习得而自能。由于存在对祖先的这种意识，人就对拥有同一血缘关系的其他族内成员，有一种共出于一源的共属意识。由于有此共属意识，宗族成员对彼此的命运有天生的关注倾向。因此，视族人的饥寒和无知，与己身所受无异，自然就产生了对其养教的义务感。

然而方孝孺虽然认定这种宗族情感是天生的，但不认为这种情

---

① 《宗仪九首·尊祖》，《逊志斋集》卷一，第42页。

感是稳定的。换言之，他不认为有这种宗族意识的人必然有对宗族内其他成员的义务感，所以他说：

> 人之亲疏有恒理，而无恒情。自祖推而至于无服，又至于同姓受敬之道，厚薄之施，固出于天，而不可易。然有亲而若疏者，有疏而若亲者，常情变于所习也。阅岁时而不相见，则同姓如路人。此庐舍，同劳逸，酒食之会不绝，则交游之人若昆弟。使同姓如路人，他人如昆弟，斯岂人之至情哉？物有移之。君子未必然，而常情所不能免也。①

在方孝孺看来，族人之间彼此有血缘关系，这是铁定的事实，但是宗族意识以及对宗族成员的义务感却是一个心理现象。这种内心的情感未经交往的维护则会变得减弱，以至于消失，故曰"有恒理，无恒情"。方孝孺认为维系宗族感情的关键在于制度。他说：

> 先王之世，井田之法行，百姓知相拯恤，一国犹一族，一里犹一家，况其同姓之人乎？然犹恐其未至也，复立大宗、小宗之法，以维系其心。是以上下亲睦，风俗和厚，历世长久，六七百年而不坏。岂非治之得其道故耶？②

那么如何维系宗族成员的感情呢？方孝孺提出了三种方法：修谱、祠祭、燕会。他说：

---

① 《宗仪九首·广睦》，《逊志斋集》卷一，第46~47页。
② 《楼氏宗谱序》，《逊志斋集》卷十三，第465页。

睦族之道有三：为谱以联其族；谒始迁之墓，以系其心；敦亲亲之礼，以养其思。①

恐其以不接而疏，疏而不相恤也。故为之祭脯之法，合之燕乐饮食，以洽其欢忻慈爱之情。②

今使月一会于祠，而告之以谱之意，俾知十百之本于一人之身。③

方孝孺认为激发族人的共属感，以实现族人的团结，首先在于修谱。他说："非谱无以收族人之心，而睦族之法不出乎谱。"④ 在方孝孺看来，"谱者，普也"，普载祖宗之远近、姓名、平号等等；又"谱者，布也"⑤，乃敷布远近百年之纲纪，及数十代之宗派源流。族谱可分明血统之由来与亲族的范围，可使族人相属的观念得以自觉的维护，由此感知生命乃本于一。族谱虽可使族人有相属的自觉，但是此相属的意识，必源于族人共属的意识。因此，若不以祖先一本的意识为前提，则相属的自觉亦无由而生。所以需立祠堂以祭祀始迁之祖，由此强化同一祖先的意识，以达收族的作用。如无祠堂，方孝孺则主张代以墓祭。他说："墓藏而庙祭，周礼也。汉时有墓祭，盖以情起者。其文不同，其本于孝敬与周何以异？"⑥ 同时也能定期集会使族人有直接的情感交流，以增加归属感。经由修

---

① 《宋氏世谱序》，《逊志斋集》卷十三，第 456 页。

② 《宗仪九首·广睦》，《逊志斋集》卷一，第 47 页。

③ 《宗仪九首·睦族》，《逊志斋集》卷一，第 46 页。

④ 《葛氏族谱序》，《逊志斋集》卷十三，第 461 页。

⑤ 《族谱序》，《逊志斋集》卷十三，第 468 页。

⑥ 《时敬庵记》，《逊志斋集》卷十五，第 546 页。

谱、祠祭、燕会三种方法，族人有强烈的宗族意识，便可集合成一个亲族互助团体。

方孝孺又为此互助团体进行了制度和人事上的安排。在人事上，他说推举族中齿德俱尊者一人为"族长"，为宗族组织的领导人；推举习文者一人为"典礼"，以相族人吉凶之礼；推举财富而能睦族者一人为"典事"，以相族人之力役；择一人有文行者为"师"，以教族人；择一人为"医"，以治族人之疾病。① 方孝孺设定六项必须遵行的制度。一、设义田，以为族人福利事业的固定经济来源，曰："置田，多者数百亩，寡者百余亩。储其入，俾族之长与族之廉者掌之。岁量视族人所乏而辅助之。"② 二、设族医一人，以医治举族之人。三、设族学，族中子弟七岁入小学受教，教学内容以孝悌、忠信、敦睦为主，目的在于陶冶族中子弟的道德人格。大学则取小学中有德行者教之，教学内容偏重于专长培养。③ 四、每岁修谱以管教族人。云："族人之文者以谱至，登一岁之行生卒，而书举族人之臧否。"④ 五、立祠堂。以祠族人及师之有道者。"自族人以下，主财而私，典事而惰，相礼而野，不能睦族者不祠。"⑤ 六、举行聚会。一年中举行四次燕乐之会，时间分别在二月、五月、八月、十一月，会于祠堂，以联络族人的感情。一年中举行三次礼教之会，分别在冬至、岁首、夏至。除岁首外，

---

① 《宗仪九首·睦族》，《逊志斋集》卷一，第46页。
② 《宗仪九首·睦族》，《逊志斋集》卷一，第46页。
③ 《宗仪九首·务学》，《逊志斋集》卷一，第52页。
④ 《宗仪九首·尊祖》，《逊志斋集》卷一，第43页。
⑤ 《宗仪九首·广睦》，《逊志斋集》卷一，第46页。

每次聚会皆由典礼读谱，由族长讲明宗族盛衰绝续的原因，以劝善去恶。①

如此可知，宗族组织完全可以养教族人。因为互助可以恤济无法自足者，使之遂其生。而在宗族之内，于养上，生活不自存者，可由义田收入助之，疾病者可由族医治之；于教上，设有学校以教导族人道德规范，又立有族谱，对族人的平日行为进行监督。对行善者敬重，对为恶者进行谴责。可以说整个宗族组织就是一个大教化机构。宗族完全可以完成对人的养教，实不赖君主的政治力量。

但是方孝孺并没有认为宗族制度在养教人民上是完美无缺的。在方孝孺看来，宗族组织最大的缺点是宗族的范围是以血缘关系为前提的，不能扩大。这是由宗族组织的封闭性、对外排斥性决定的。而宗族的这些特性也可能造成宗族对立，往往会对社会秩序造成更大的威胁。这就偏离了宗族组织设立的目标。因而方孝孺又谋求宗族之间的合作以组成乡村自治自养组织。方孝孺说：

> 祭而脯，所以为乐也；读法，所以为礼也。约民于礼乐，而亲者愈亲，疏者相睦，此先王之所以为盛也哉！举而行诸天下，今未见其不可也。然非士之职也。故欲自族而行之乡。②

方孝孺认为，为使乡村之士民守望相助、患难相扶，需将宗族之法扩大至乡村。具体做法，一是乡村中的每个家族皆建立敦睦乡里的规约，以打破血缘宗族的封闭性，并且增进乡里的情谊。《宗仪

---

① 《宗仪九首·广睦》，《逊志斋集》卷一，第47页。
② 《宗仪九首·广睦》，《逊志斋集》卷一，第47页。

九首》中所记的宗族规约，皆有"睦乡里"的规定。如《广睦》中指出凡"虐乡里"之人，皆不得参与宗族聚会。然后同乡里的数个家族联合，集结成乡村自治组织，故谓"自族而行之乡"。

二是乡村组织在每年秋季举行一次燕乐之会，借此联络乡人的感情，强化共属的意识。[1] 而最关键的是建立乡村之间的合作事业。因为乡村组织不同于宗族有血缘关系作为纽带，只能以共同的利益、共同的需求作为合作的基础。建立乡村组织的突破口在领导者：

> 数百家之乡，其人必有才智赀产殊绝于众者，虽废兴迭出，而未尝无。每乡推其尤者为之表，使为二廪、三学。[2]

方孝孺指出，要由乡民共推乡中财富厚、才德高之人作为"乡表"，再由"乡表"领导建立"二廪三学"为合作事业。那么什么是廪之法？云：

> 廪之法，丰岁夏秋，自百亩之家以上，皆入稻麦于廪。称其家为多寡，寡不下十升，多不过十斛，使乡之表籍其数，而众阅守之。度其凡岁，可得千斛，以备凶荒札瘥，及死丧之不能自存者。其入也先富，而出也先贫；出也视口，而入也视产。产多者皆庚，加息十一，不能庚则否。[3]

由此可见，乡廪的功能首先是吸收丰年乡民多余之米，平时

---

① 《宗仪九首·广睦》，《逊志斋集》卷一，第47页。
② 《宗仪九首·体仁》，《逊志斋集》卷一，第57页。
③ 《宗仪九首·体仁》，《逊志斋集》卷一，第57页。

贷予贫民渡过难关，到了歉收之年，可助乡人度过饥荒。其次，乡廪可协调贫富。因为米入以田产为标准，故产多者需缴纳较多的稻米；产少者缴纳较少的稻米；而若贫而无以自足者，则不须缴纳，非但不必缴纳，还可获得资助。而廪米的贷出，其息视还贷能力而定，即富家多而贫家少。故对一般乡民而言，可以遂其生。

方孝孺又提出立学校以教乡人。其方法为：

> 学之法，各立师一名，以有德而服人者为之。立司教二人，司过二人，司礼三人。乡人月吉，盛衣冠，相率诣学。暇则游于学，问乎师。有违过者，于师乎治，悖教不良者，师与其罚，其教法如族学之仪。①

至此我们可知，乡村组织实为宗族组织的扩大。乡村组织的作用在于弥补宗族组织范围较小、资源较少、养民的功能不健全的缺点。而宗族组织的教化功能极强，这又弥补了乡村组织这方面的不足。二者结合，可达到社会养教的目的。

由于时代所限，方孝孺的乡村自治制度只是为了消极地摆脱君主政治的虐待而寻求自保的努力，尚不是集结社会力量以影响政策的现代地方自治。换言之，方孝孺的乡村自治制度不是与其君道思想统一起来，成为限制君主的一种现实的力量，而是脱离君主控制的一种尝试，所以其乡村自治理论最终所能做的只是保士民生命，而无法改变其政治命运。

---

① 《宗仪九首·体仁》，《逊志斋集》卷一，第58页。

方孝孺的乡族理论由于其殉难而没有机会推行。我们无法得知时人对方孝孺乡族理论的评价，但我们从时人评价其他明儒乡约举措的言论亦可知方孝孺乡族理论的命运了。明儒章懋说："乡约之行，欲乡人偕入于礼，其意甚美……天子之柄，而有司者奉行之，居上治下，其势易行，今不在其位而操其柄，已非所宜，况欲以施之父兄族人之间哉。……君子之居乡有不约而自化，以先生明德当不下于诸公，自身而家，自家而乡，久于其道，久于其道，彼将自孚，何用汲汲乎强人以从约。"① 而明儒曾昂施行乡约于朝廷内部引起政治风波："其后谤胜于朝，谓公居乡专制生杀，台谏将纠论之。"② 绝对皇权是不会欢迎人民自主结合的组织公开出现的。

第四节　小结

本章主要讨论了方孝孺制约君权的思想。通过对君主本性的认识，方孝孺认定君主在政治本性上是自私的。所以，方孝孺通过系统的思考，制定出一系列的办法来限制君主的自私性，以为人民造福。方孝孺限制君主的思想主要由三个部分组成。一是他对革命思想的思考。方孝孺因经过元末明初的农民战争，所以对流血的革命有深刻的认识。他将革命与天命联系起来考察，严格地

---

① 章懋：《枫山集》卷二，《答罗一峰书》，载于台北商务印书馆影印文渊阁《四库全书》，第1254册，第30页。

② 罗洪先：《念庵文集》卷六，《纪事》，载于台北商务印书馆影印文渊阁《四库全书》，第1275册，第148页。

限定革命的对象、革命的时机、革命的主体。他认为革命是对君主的限制工具，但他又认为革命是在非常时期才可使用的，所以他否认人民具有革命权。二是正统观对君主的限制。方孝孺极其重视历史哲学对君主的限制。他认为君主的本性是自私的，而史官之历史哲学是正义的。为此，方孝孺创造了自己的正统论，对君主权位的取得、使用从儒家正统的思想做出了一系列的限制。他认为三类君主是不能入正统的：篡贼、夷狄、女后。他认为严格限定的革命权，是可以使用在这三类君主上的。所以方孝孺的革命论与其正统论是联系在一起对君主进行制约的。但是方孝孺认为革命与正统对君主的限制力度是不够的，不能防止其为私。所以三是方孝孺力图创制一种制度让士民自求幸福。由于受时代和生活环境的影响，方孝孺将乡族制度作为脱离君主危害的保障。

第五章

方孝孺对黄宗羲的影响

第一节　方孝孺与《明夷待访录》的亲缘关系

一　对《明夷待访录》思想来源的讨论

学界关于黄宗羲《明夷待访录》的思想来源众说纷纭。冯天瑜教授在其专著《解构专制——明末清初"新民本"思想研究》中专辟一章，研究包括黄宗羲《明夷待访录》在内的"新民本"思想的来源。他认为"新民本"思想主要源于五个方面：直接承袭民本思想的基本元素；继承原始民主精义；借取佛教众生平等思想；吸取中古异端思想成分以及从明代社会实践中汲取源头活水等等。具体到黄宗羲《明夷待访录》的思想来源，冯天瑜教授说："对于邓牧与黄宗羲的思想亲缘关系，近代学者邓实有明确说明：'梨洲著《明夷待访》，其《原君》、《原臣》二篇，实本先生（指邓牧——原引者按）。'近人陈登原在《国史旧闻》第二分册中以更确凿的考据方法，证实了《伯牙琴》同《明夷待访录》的渊源关系。"① 但是此说早就遭到了日本学者沟口雄三的反对。他通过比较《伯牙琴》与《明夷待访录》的内容说："这就是黄宗羲与邓牧的不同之处，更是黄宗羲与旧来的民本思想之间的最具决定性的不同之处。"②

今人饶宗颐、朱维铮两位先生则提出了明初文人胡翰对《明夷待访录》的影响。饶宗颐先生说："翰（指胡翰——引者按）之学后来影响及黄宗羲，《明夷待访录》引用其十运，即集中之《衡运》。"③ 朱维铮先生也说："由方孝孺《后正统论》、黄宗羲的《明夷待访录》来看，胡翰的《衡运》对他们的历史观更有影响。"④

学者萨孟武先生、王家范先生则认为《明夷待访录》的思想源头是方孝孺。萨孟武先生说：

　　吾人读方孝孺书，就可知道黄梨洲之《原君》一文实本于方孝孺。

　　明代政治最专制，又最腐化。天子视大臣如奴隶，而人民则陷于水深火热之中，而不能自拔。这种情况比之元代有过而无不及，方孝孺的学说就是产生于这种环境之中。那知明自成祖以后，专制愈甚，暴政亦愈甚。明亡之后，黄宗羲就于清康

---

① 冯天瑜、谢贵安：《解构专制——明末清初"新民本"思想研究》，湖北人民出版社，2003，第 116 页。

② 〔日〕沟口雄三：《中国前近代思想之曲折与展开》，陈耀文译，上海人民出版社，1997，第 239 页。

③ 饶宗颐：《中国史学上之正统论》，上海远东出版社，1996，第 57 页。

④ 朱维铮：《中国史学上之正统论序》，载于饶宗颐《中国史学上之正统论》，上海远东出版社，1996，序第 6 页。

熙二年发表了《明夷待访录》，其理论多采方孝孺之说。①

王家范先生说：

> 直到明末清初的黄宗羲，终于再放反君主专制的思想光芒。此实有以承方氏（指方孝孺——引者按）。②

综合来看，关于黄宗羲《明夷待访录》的思想来源，除去从整个传统思想中寻找文化基因外，至少存在邓牧说、胡翰说和方孝孺说三种。此三说，胡翰说主张者最少；邓牧说最为人关注，学术界回应最多；方孝孺说居中。在这三说中，笔者以为，能影响黄宗羲《明夷待访录》的反君主专制主要理念的，正是方孝孺。虽然前面有萨、王两位先生提出了方孝孺说的假设，但他们或仅作简略论证而语焉不详，或提出假设不作论证而一笔带过，实为缺憾。笔者不避浅陋，试图详细讨论方孝孺对黄宗羲《明夷待访录》的影响。

二 黄宗羲继承方孝孺的可能性

从外在的人文地理环境来讲，方孝孺和黄宗羲的思想生发于同一环境。从浙东地缘环境来看，黄宗羲思想受方孝孺影响的可能性很大。黄宗羲是浙江余姚人，方孝孺为浙江宁海人，余姚与宁海两地相隔甚近，皆是今浙江省宁波市的属县。方孝孺是整个明代忠臣

---

① 萨孟武：《中国政治思想史》，台北三民书局股份有限公司，1989，第467、489页。

② 王家范、程念祺：《论明初对洪武政治的批评——方孝孺的政治理想与建文帝的政策改革》，《史林》1994年第3期，第33页。

义士的代表和儒家知识分子的"完人"，在其家乡知名度甚高。黄宗羲以明代遗民自居，十分重视继承与整理明代的文化遗产，其中就认真整理过方孝孺的思想理论。所以，黄宗羲从方孝孺思想中汲取思想养分是完全有可能的。

从政治历史环境上说，方孝孺、黄宗羲均生于改朝换代时期。方孝孺时代所面临君主专制的政治问题，在黄宗羲时代没有改变。因为清承明制，极端君主专制不但没有减弱，反而还有所加强。虽然方孝孺的君主思想是从明王朝政治稳定的角度解析君主专制的危害，黄宗羲是从总结明王朝灭亡的经验教训角度分析君主专制的弊端，二者角度不同，但主题相同，分析对象相同。所以，黄宗羲对方孝孺在思想上有所传承是合理的。

方孝孺、黄宗羲之所以都关心明王朝的政治命运，是因为他们有共同的心理基础。二人的身世使他们在对待明王朝的感情上是复杂的。方孝孺与黄宗羲父亲皆出仕于明王朝，受难于明王朝。受父辈出仕于明的影响，方孝孺、黄宗羲皆能从根本上接受明王朝，但是身家的遭遇使得二人都对明王朝的政治状况不满，力图从政治体制上对其进行改革或总结。黄宗羲参考前人已有的思想成果，为应有之举动。

从浙东学术史的环境说，黄宗羲能非常认同方孝孺的思想，这得益于其师的影响。刘宗周为纠正晚明王学空疏狂佞的学风，力复实用之学①，非常推崇方孝孺的思想与践履精神，两度为方孝孺《逊志斋集》作序，并为之编《正学录》。其门生卢寅、翁明英还为

---

① 参见梁启超《中国近三百年学术史》，天津古籍出版社，2003，第7~8页。

方孝孺修建了《方正学先生年谱》。推崇方孝孺几成刘门之风气。在这种氛围下，黄宗羲推崇方孝孺也是自然之举。黄宗羲在《明儒学案》中论明儒是从方孝孺开始的。他以方孝孺能"扶持世教"而推崇其为"有明之学祖"①，将方孝孺放在明儒道统传承第一人的位置上，"方正学而后，斯道之绝而复续者，实赖有先生（指曹端——引者按）一人"。② 黄宗羲虽是赞扬曹端，但也可以看出他确实认为方孝孺是明代道统的继承者。正是因为黄宗羲真诚地推崇方孝孺的品格与学问，所以才真诚地为方孝孺请祀于孔庙。他认为儒者"非只刊注《四书》、衍辑《语录》，及建立书院、聚集生徒足以了事"，而是能行道于世者才堪当儒者之称号，他说：

> 此七公（指诸葛亮、陆贽、韩琦、范仲淹、李纲、文天祥、方孝孺——引者按），至公血诚，任天下之重，砠然砥柱于疾风狂涛之中，世界以之为轻重有无，此能行孔子之道者也。③

综上，笔者认为从政治历史因素、地理因素、学术环境因素和心理基础来看，黄宗羲完全有从方孝孺的思想中汲取了养分的可能性。

三　黄宗羲在君主理念上的继承

只有通过具体观念的对比，才能真正证实与展现方孝孺对黄宗

---

① 《明儒学案·师说》，第 1 页；《明儒学案·文正方正学先生方孝孺》，第 1045 页。
② 《明儒学案·师说》，第 1 页。
③ 黄宗羲：《破邪论》，载于《黄宗羲全集》第一册，浙江古籍出版社，1985，第 193 页。

羲反君主专制思想的影响。

黄宗羲论述君主的起源和君主的职责说：

> 有生之初，人各自私也，人各自利也。天下有公利而莫或兴之，有公害而莫或除之。有人者出，不以一己之利为利而使天下受其利，不以一己之害为害而使天下释其害。此其人之勤劳必千万于天下之人。①
>
> 古者以天下为主，君为客，凡君之所毕世而经营者，为天下也。②

黄宗羲认为，立君的本意是为天下万民谋求福利，所以君之职为公为民是其必然要求。如此意味着登上君位的个人，则必须克服人性中自私的倾向，放弃自己应享的权益，承担远多于他人的辛劳，以天下万众之公利为自己之职责。但是黄宗羲认为立君的理念和君主的人性始终处于矛盾之中。他说：

> 夫以千万倍之勤劳而己又不享其利，必非天下之人情所欲居也。故古之人君，去之而不欲入者，许由、务光是也；入而又去之者，尧、舜是也；初不欲入而不得去者，禹是也。③
>
> 是故明乎为君之职分，则唐、虞之世，人人能让，许由、务光非绝尘也。不明乎为君之职分，则市井之间，人人可欲，

---

① 《明夷待访录·原君》。
② 《明夷待访录·原君》。
③ 《明夷待访录·原君》。

许由、务光所以旷后世而不闻也。①

在黄宗羲看来，君职与君主的人性是处于对立的状态中的。君职要求君主为公，君主个人人性倾向于为私。但要使现实政治得以运行，又必须有某个个体与君职结合，以形成君主。所以君主自身内部就存有两个对立面。三代之时，君职的公意压倒君主个人的私性，故立君为民的理念得以彰显；后世君主的人性之私压倒了立君的公意，使君主之职务沦为其捞取一己一姓之私利的工具，亦使得君主个人人性中卑劣的一面借君职淋漓尽致地展露出来。

巧合的是，方孝孺《逊志斋集》中就有一篇《君职》。黄宗羲几次提到"君之职分"是否受方孝孺君职说的启示，已无从考证，但从设君之道的理念上，方孝孺、黄宗羲二人是有可比之处的。方孝孺说：

> 能均天下之谓君，臣覆兆民之谓君，立政教，作礼乐，使善恶各得其所之谓君。生民之初，固未尝有君也，众聚而欲滋，情炽而争起，不能自决，于是乎有才智者出而君长之。②
> 天之立君，所以为民，非使其民奉乎君也。③
> 如使立君而无益于民，则于君也何取哉？④
> 天之立君也，非以私一人而富贵之，将使其涵育斯民，俾

---

① 《明夷待访录·原君》。
② 《君职》，《逊志斋集》卷三，第86页。
③ 《君职》，《逊志斋集》卷三，第87页。
④ 《君职》，《逊志斋集》卷三，第87页。

各得其所也。①

我们可以非常清晰地看出，方孝孺与黄宗羲在论证君主起源的方式上是相同的，都将其分为前君主时代的"生人之初"（有生之初）和君主产生以后社会两个阶段。在前君主时代有天下公害无人除，天下公利无人兴。君主出现以后，方孝孺同样认为君之职在于为公为民，也同样认为君主身上存在对立面：一方面是"私一人而富贵之"，另一方面是"涵育斯民，俾各得其所"，这和黄宗羲认为的君职与君性的对立也是一致的。而且二者在行文上也有可比之处。黄宗羲说："有生之初，人各自私也，人各自利也；天下有公利而莫或兴之，有公害而莫或除之。"这是讲前君主时期自然人群的状态。这时的人群没有政治伦理关系约束，处于一种自私自利的本能状态。如果对这种状态用形象的语言来描述，不就是"当昔之未有君臣也，民顽然如豕鹿猿猱。馁则食，饱则奔逸跳掷，而不可制"②吗？黄宗羲所谓的在自然人群时期的"天下之公利"不就是方孝孺所讲的"均平天下"、"使善恶各得其所"，即人人得到养教吗？黄宗羲所谓的"天下之公害"不就是"众聚而欲滋，情炽而争起，不能自决"、"非久安之道"吗？

在对待君主失职的问题上，无疑方孝孺、黄宗羲都认为君主以权谋私是失职的表现。方孝孺说：

> 后世人君知民之职在乎奉上，而不知君之职在乎养民。是

① 《深虑论》七，《逊志斋集》卷二，第 77 ~ 78 页。
② 《民政》，《逊志斋集》卷三，第 92 页。

以求于民者，致其详，而尽于己者，率怠而不修。赋税之不时，力役之不共，则诛责必加焉；政教之不举，礼乐之不修，弱强贫富之不得其所，则若罔闻知。呜呼，其亦不思其职甚矣。①

黄宗羲说：

今也以君为主，天下为客。凡天下之无地而得安宁者，为君也。是以其未得之也，屠毒天下之肝脑，离散天下之子女，以博我一人之产业，曾不惨然，曰："我固为子孙创业也。"其既得之也，敲剥天下之骨髓，离散天下之子女，以奉我一人之淫乐，视为当然，曰："此我产业之花息也。"然则为天下之大害者，君而已矣。向使无君，人各得自私也，人各得自利也。呜呼，岂设君之道固如是乎！②

二人都极其重视君不但不养民，反而虐民、扰民的现象，防止君主失职是其理论的重点。虽然在描述君主失职时，显然黄宗羲更鲜明，但他的重点在于批判君主虐民、扰民，而方孝孺的重点是既批判君主虐民、扰民，又引导君主回归君职。但他们所采用的方法都是使君主认识到君职的本意。方孝孺说"其亦不思其职甚矣"，黄宗羲说"岂设君之道固如是乎"。

方孝孺和黄宗羲在君职理念上有一致的认识，认为立君在于养民似乎与孟子以降的民本思想没有什么区别，其实则不然。方孝孺、

① 《君职》，《逊志斋集》卷三，第87页。
② 《明夷待访录·原君》。

黄宗羲之所以能得出一致的君职理念，不仅在于他们均继承了传统的民本思想，更在于他们对人性的假设是相同的。方孝孺说：

> 当昔之未有君臣也，民顽然如豕鹿猿猱。馁则食，饱则奔逸跳掷，而不可制。①
>
> 生民之初，固未尝有君也。众聚而欲滋，情炽而争起，不能自决。②
>
> 烝民之生，纭纭牷牷，憧憧奔奔，外则寒暑燥湿之候动其志，内则饥渴嗜欲之情役其身。③

方孝孺认为前君主时期的民是基于自然本能的自私自利者，可以为一己之利而争斗。黄宗羲完全认同这种自然人性的假设：

> 有生之初，人各自私也，人各自利也。天下有公利而莫或兴之，有公害而莫或除之。④
>
> 好逸恶劳，亦犹夫人之情也。⑤

虽然黄宗羲与方孝孺的语言特点不同，一个是用形象的比拟语言，一个是用直述的语言，但是二者对民之性是自私自利这一点的认识是相同的。这种人性假设，对于君而言，治民则在于满足其自然本能。虽然这种人性假设在先秦的民本思想中常被使用，

---

① 《民政》，《逊志斋集》卷三，第92页。
② 《君职》，《逊志斋集》卷二，第86页。
③ 《公子对》，《逊志斋集》卷六，第210页。
④ 《明夷待访录·原君》。
⑤ 《明夷待访录·原君》。

但是先秦的民本论者论民之自然权利，重点不在提出民之要求而在于论述君之圣德。民之得养，是君圣德的表现；民不得其养，是君无德的表现。至于民能否以自己的自然权利来反抗暴君，传统民本主义者或不给予其理论地位或转化为"天意"，不给予民意直接的表达。但是在方孝孺和黄宗羲这里，对民的自私自利的肯定，指出了这种自私自利的民能对自己的自然权利有清醒的认识，能对剥夺自己自然权利者予以反抗。这种人性论才是真正具有近代性的新型君臣观发展的基础。质言之，民并不是要求皇帝的施惠，而是试图依靠自己的力量以求得自觉自立的主体性的存在，虽然这种主动性表现得还不是那么健全。这种民并不把自己的养教包摄进皇帝主观的仁德意识之中，这与传统民本主义不同，并且就其具有"私"这一点而论，民几乎是具有可与皇帝相抗衡的现实力量。方孝孺说：

> 民心难合而易离，譬之龙蛇虎豹然。欲久畜之，则必先求其嗜欲好恶喜怒之节，而勿违其性。使性安于我，而无他慕之心，然后可得而畜也。①

黄宗羲说：

> 为天下之大害者，君而已矣。向使无君，人各得自私也，人各得自利也。呜呼，岂设君之道固如是乎！②
>
> 今也，天下之人怨恶其君，视之如寇仇，名之为独夫，固

---

① 《深虑论》四，《逊志斋集》卷二，第73页。

② 《明夷待访录·原君》。

其所也。①

在他们看来，民之自私自利俨然是一种基于主体自我保护意识下的客观力量。这种力量的觉醒要求客观上把公意纳入天下的法律之中，使政治之是非公于天下，也就是方孝孺所说的"均平天下"、"各得其所"、"君相分治"。可以看出，方孝孺和黄宗羲都重新审视了君民、君臣关系。

然而时隔两三个世纪，方、黄二人的设君之道也应有不同之处。笔者以为黄宗羲《明夷待访录·原君》名为"原君"，实际上主题却是明"君职"，其长处在于抨击违背君职古义的后世君主。他对君主专制弊病的抨击酣畅淋漓，为此类著作的代表，无出其右者。其短处则是《明夷待访录》的语气不像学术论著，倒像一篇鼓舞士气的战斗檄文，论述逻辑不甚严谨。这也可能是黄宗羲身遭亡国灭家之切痛所导致的。例如，《原君》名为"原君"，却对君之产生论述不甚明了。黄宗羲说：

> 有人者出，不以一己之利为利而使天下受其利，不以一己之害为害而使天下释其害。此其人之勤劳必千万于天下之人。夫以千万倍之勤劳而己又不享其利，必非天下之人情所欲居也。②

在黄宗羲看来，有天下为公之心者即可以为君。但他又强调民普遍具有自私的品性，"好逸恶劳，亦犹夫人之情也"③，所以黄宗

---

① 《明夷待访录·原君》。

② 《明夷待访录·原君》。

③ 《明夷待访录·原君》。

羲的人性假设与君主的产生是矛盾的。因为何以有人能放弃自己的自然权利而出任君主呢？黄宗羲显然没有讲清楚。再进一步的问题是，如果自愿放弃自然权利的人是多数的，那么能出任君主的人又应该具有什么样的人性特质呢？黄宗羲也没有说明。黄宗羲之所出现这样的理论漏洞是因为他的理论重点在于揭发君主专制的危害而不是建构新的制度。

方孝孺关于君道的论述风格与黄宗羲截然相反。他的论著是严谨的学术著作，不仅批判了后世的君主违背君职的现象，还提到了君主履行职务时的合理物质要求：

> 位乎海内之人之上，其居处服御无以大异于人，不可也。于是大其居室，彰其舆服，极天地之嘉美珍奇以奉之，而使之尽心于民事。①

更主要的是，方孝孺追奉孔、孟，极为系统地论述了设君之道。方孝孺认为自然秩序与社会秩序在原则上是统一的，"人道"本于"天道"，"天道"体现"人道"。天能生人，并不能使人智力平等。智力高者能体"天道"，识"圣贤之道"，使人复其性而养其生。（详见第三章第二节）。所以方孝孺的君主思想相比黄宗羲所言反而更全面、更系统。

四　君臣关系、法律观念上的相似

方孝孺、黄宗羲在立君的理念上和人性论假设上的相似，也就

---

① 《君职》，《逊志斋集》卷二，第87页。

决定了他们由君道衍生而成的君臣关系、法律观念的相似。

反对君主专制必然反对传统的"尊君卑臣"、"君为臣纲"的为臣信条。因为君主专制意味着权力集中于一人，反对君主专制则意味着从理论上将君主一人之权力分割给整个文官行政系统。反对君主专制则要消解君主的神圣性与权威性，平等地对待君主与官吏的出仕价值，主张君主与普通官吏的出仕的价值皆在于养民。这样政治的重心就从君主一人转移到整个文官集体。如此，也就消解了君主的神圣光环，将其转变为和普通官吏一样的官僚，只不过君主权力大些、等级高些。

方孝孺论述君臣的关系说：

> 世变愈下，而事愈繁，以为天下之广，非一人所独治也。于是置为爵禄，使之执贵贱之柄；制为赏罚，使之操荣辱修短之权。[①]
>
> 土广民众，俗变事殷，非一人之所独治，故必举贤哲而为臣。[②]
> 国之本，臣是也。[③]

黄宗羲论述君臣关系道：

> 缘夫天下之大，非一人之所能治而分治之以群工。故我之出而仕也，为天下，非为君也；为万民，非为一姓也。[④]
>
> 夫治天下犹曳大木然，前者唱邪，后者唱许。君与臣，共

---

① 《君职》，《逊志斋集》卷三，第 86 页。
② 《公子对》，《逊志斋集》卷六，第 210 页。
③ 《杂诫》，《逊志斋集》卷一，第 20 页。
④ 《明夷待访录·原臣》。

曳木之人也。①

臣之与君，名异而实同耶。②

官者，分身之君也。③

我们可以看出，方、黄二人论君臣关系，不是"臣以君为目的，君以臣为手段"即臣之出仕是为君主服务的"君为臣纲"的老调，而是强调君臣是共同治理天下的合作者。他们都强调天下之大，非君主一人所能独治，自然而然地引出臣之出仕是助君主理天下。臣出仕最终是为天下而不是为君。所以君、臣都是为天下之民服务的。在这一点上二者是平等的。正是如此，他们才强调"国之本，臣是也"、"官者，分身之君也"。但是方、黄二人的君臣共治论与之前的民本主义者是不同的。传统的民本主义者那里虽也有君臣共治论，但并不妨碍他们为"君为臣纲"的专制信条作论证。而方孝孺、黄宗羲不同。他们先讲君、臣是合作治天下者，以出仕目的的平等反对尊君论，再讲"国之本，臣是也"、"臣之与君，名异而实同耶"，将君、臣二者的重心放在占多数的臣身上，以强调臣在治天下中所承担的是主要责任。沟口雄三就说："由于把治世的原点从君主移行到了万民，从而就架空了古来的皇帝一元的专制权力，进而由公论为基础的'分治'来填充架空了的专制权力。……试图谋求权力之重新整编与再生，在所谓专制分治的这种政治路线上，设想一种新的君臣关系。这就进一步打破了自古以来的以君主为原点的德治主

---

① 《明夷待访录·原臣》。

② 《明夷待访录·原臣》。

③ 《明夷待访录·置相》。

义的政治观，以及在其范畴内的君臣一体式的家产官僚的君臣观和官僚观。"① 由于强调君、臣是合作者，他们在强调臣以道事君、以公论分治上也是相当一致的。黄宗羲说：

> 我之出而仕也，为天下，非为君也；为万民，非为一姓民。吾以天下万民起见，非其道，即君以形声强我，未之敢从也，况于无形无声乎！非其道，即立身于其朝，未之敢许也；况于杀其身乎！②

方孝孺说：

> 古之大臣，正其身以为天下准，不可以位拘，不可以恩狎。立乎朝廷，而君不敢为非义，邪佞畏伏而不可肆。侍之以礼则留，外貌少衰则引而去之。其决于去就，非不欲行道，为欲行道，故必审于去就也。③
>
> 贤者非事君之为难，而行道之足贵，故量其主而后入，察其几而后动。④
>
> 盖天之授人以才智，非欲其自谋一身而已，固将望之补天道之所不能，助生民之所不及焉尔。⑤

他们都强调臣出仕是为天下，是"行道"，而非只为君主服务

---

① 〔日〕沟口雄三：《中国前近代思想之曲折与展开》，陈耀文译，上海人民出版社，1997，第238页。

② 《明夷待访录·原臣》。

③ 《张九龄》，《逊志斋集》卷五，第188页。

④ 《严光》，《逊志斋集》卷五，第157页。

⑤ 《后乐堂记》，《逊志斋集》卷十七，第623页。

者。可见他们心目中的臣是站在儒家道文化立场上，以补天道之不足、养天下万民为本位的。由此而知，黄宗羲、方孝孺"臣论"中对臣都是要求其有独立的人格，以天下生民为负责对象；于君合道则有为，不合于道则去之，以公论作为自己出仕的基础而不以出仕为君服务为目的。所以方孝孺才说"其决于去就，……为欲行道"，黄宗羲说"非其道，即君以形声强我，未之敢从也"。他们支持挺立臣的政治主体性，试图凭借儒家的文化传统精神，整合历史经验，重新安排明清时期的君臣关系，以分割君主手中过于集中的权力，达到消除君主专制弊端的目的。这是他们一致的地方，也是黄宗羲继承方孝孺的理路之处。以相同的臣论为基础，方孝孺、黄宗羲在宰相问题上的观点也相当一致。

朱元璋废除宰相制度，是中国传统政体的千年巨变。方孝孺、黄宗羲本着儒家文化传统，都反对废相。黄宗羲明确地说："有明之无善治，自高皇帝罢丞相始也。"① 他本于公论，认为天子和官员在治理天下上所共同承担的责任是相同的，天子并不具有神圣性。他说：

> 原夫作君之意，所以治天下也。天下不能一人而治，则设官以治之。是官者，分身之君也。孟子曰："天子一位，公一位，侯一位，伯一位，子男同一位，凡五等。君一位，卿一位，大夫一位，上士一位，中士一位，下士一位，凡六等。"盖自外言之，天子之去公，犹公、侯、伯、子、男之递相去。自内言

---

① 《明夷待访录·置相》。

之，君之去卿，犹卿、大夫、士之递相去。非独至于天子遂截
然无等级也。昔者伊尹、周公之摄政，以宰相而摄天子，亦不
殊于大夫之摄卿，士之摄大夫耳。后世君骄臣谄，天子之位始
不列于卿、大夫、士之间。……无乃视天子之位过高所致乎！①

　　黄宗羲看出，君主专制的特性之一就是必须增强君主的神圣
性、权威性以拉大君主与官吏之间的等级距离，所以后世天子不
将自己划入等级中，以突出自己的垄断性。黄宗羲认为这种以天
子地位最高为标志的君主专制是明太祖废丞相的基础。他站在与
君分治臣论的立场上，认为宰相是政治重心向臣转移、达到君臣
分治的关键，也是反君主专制、防止君主危害人民，回归立君本
意的关键。他说：

　　宰相既罢，天子更无与为礼者矣。遂谓百官之设，所以事
我，能事我者我贤之，不能事我者我否之。设官之意既讹，尚
能得作君之意乎？古者不传子而传贤，其视天子之位，去留犹
夫宰相也。其后天子传子，宰相不传子，天子之子不皆贤，尚
赖宰相传贤足相补救，则天子亦不失传贤之意。宰相既罢，天
子之子一不贤，更无与为贤者矣。②

　　黄宗羲认为，宰相的罢免与设官之意的蜕变是一致的。当以君
主之意志为决定官吏进退的标准时，则官吏蜕化成为君负责者，不
再是与君共治天下、为天下负责的合作者。所以君主也得以超乎百

---

① 《明夷待访录·置相》。
② 《明夷待访录·置相》。

官之上。失去了百官，特别是宰相的制约，天子之心也就没有约束者了。黄宗羲重新论证臣是政治主体性觉醒者，其所负之责非为君而是为天下。君与官总是处于既合作又紧张的关系中，故必须有一个代表整体文官的人与君主对话，以纠正君主之失。用黄宗羲本人的话说，即"天子传子，宰相不传子，天子之子不皆贤，尚赖宰相传贤足相补救"。这是黄宗羲主张复立宰相的根据。

这种立相的思路与方孝孺的一样。方孝孺说：

> 土广民众，俗变事殷，非一人之所独治，故必举贤哲而为臣。臣惟千百，曷以使之，久而弥敦，譬之九罭之纲，必揭之纲，目乃不棼，必节之彎，乘乃不偾。故宰相者，上以佐天子，中以和百官，平阴阳，抚夷狄，而下以养兆民。①

他和黄宗羲一样非常重视立相，认为相为百官的代表。而且他也早于黄宗羲看到了明太祖宰相的根源。所以他消解君主的神圣性与垄断性的手法与黄宗羲一样的。他说：

> 圣人者出，……，制上下之分，定尊卑之礼。俾贱事贵，不肖听于贤。由胥吏以至于大夫、公、卿，由子、男以至于诸侯，各敬其所宜敬，而各事其事。②

前面黄宗羲所说"天子之去公"、"君之去卿"两种排序方式和方孝孺的"胥吏以至于大夫、公卿"、"子、男以至于诸侯"内容与

---

① 《公子对》，《逊志斋集》卷六，第210页。
② 《民政》，《逊志斋集》卷三，第91页。

排序方式皆相同。再联系他们的臣论，可以看出他们在这个问题上，观点也是相同的。但是方孝孺因生活于朱元璋废相之时，谈论废相尚属政治忌讳，所以他立相的主张在明初太祖大兴文字狱之时只能以考经的方式出现。他说：

> 书之周官言六卿之职，美矣。冢宰者治之所从出也。宗伯典礼，司马主兵，司寇掌禁，司空掌土，皆听于冢宰者也。冢宰治之本，天下之大政宜见于冢宰。[1]

方孝孺说"天下之大政宜见于冢宰"，是主张复立宰相无疑。（详见第二章第二节）。于此可知在臣论与宰相论上，黄宗羲与方孝孺的基本理路也是相同的。而方孝孺早于黄宗羲，他们之间必有继承关系。

在以君主为原点的法律观念上，方孝孺、黄宗羲二人的思想也是相同的。明代以尚法著称，整个明代及明末清初的士人对明代法律都有过批评。方孝孺在明初论法为典型，而黄宗羲的《明夷待访录·原法》也是著名的篇章，二者之间如有渊源关系亦可证实《明夷待访录》与方孝孺思想的亲缘关系。

黄宗羲《原法》将法分成"三代以上法"与"三代以下法"，也就是将法分理想之法与现实之法。黄宗羲的理想之法是公天下之法，是为天下大众谋利益之法，所谓"藏天下于天下者"也。现实之法则是为一姓而损人利己的家天下之法。他说：

---

① 《周礼考次目录序》，《逊志斋集》卷十二，第 421 页。

三代以上之法也。固未尝为一己而立也。①

后之人主，既得天下，唯恐其祚命之不长也，子孙之不能保有也，思患于未然以为之法。然则其所谓法者，一家之法而非天下之法也。②

后世之法，藏天下于筐箧者也。利不欲其遗于下，福必欲其敛于上。用一人焉则疑其自私，而又用一人以制其私；行一事焉则虑其可欺，而又设一事以防其欲。③

黄宗羲以为三代以上之法是以民众的公利为原点的法。而后世之法为自私之法，它的立法都是围绕着君主一家之私进行的。这种法是君主行私、剥人以自奉的工具，丝毫没有使"各得其所"的仁心，"古圣王之所恻隐爱人而经营者荡然无具"。④

方孝孺也将法二分，只不过将其分为"圣人之法"与"现实之法"。方孝孺的现实之法的重点是在批评明太祖严刑酷杀（详见第二章第一节）。同黄宗羲一样，方孝孺也以为"现实之法"是君主极大私心的表现，为此他提出了"圣人之法"的概念以纠正其私心。他说：

圣人之法，常禁之于不待禁之后，而令之于未尝为之先，故法而民不怨。⑤

---

① 《明夷待访录·原法》。

② 《明夷待访录·原法》。

③ 《明夷待访录·原法》。

④ 《明夷待访录·原法》。

⑤ 《深虑论》二，《逊志斋集》卷二，第71页。

立法者，非知仁义之道不能……古之圣人既行仁义之政矣，以为未足以尽天下之变，于是推仁义而寓之于法。使吾法行，而仁义亦阴行其中，故望吾之法者知其可畏而不犯，中乎法者知法之立无非仁义而不怨。……夫法之立，岂为利其国乎？岂以保其子孙乎？其意将以利民，虽成于异代，出于他人，守之可也。诚反先王之道，而不足以利民，虽作于吾心，勿守之可也。①

"圣人之法"表现在立法原则上是以仁义和保护天下之民的公利为指导思想，而非为一人、一家之私利而专事刑杀之法。这与黄宗羲"天下之法"的概念内涵是相同的。

黄宗羲《原法》中还有一个著名的观念，即"治法治人的并重论"。他说：

论者谓有治人无治法。吾以谓有治法而后有治人，自非法之法桎梏天下之手足，即有能治之人，终不胜其牵挽嫌疑之顾盼。有所设施，亦就其分之所得，安于苟简，而不能有度外之功名。使先王之法而在，莫不有法外之意存乎其间。其人是也，则可以无不行之意；其人非也，亦不至深刻罗纲，反害天下。故曰有治法而后有治人。②

黄宗羲一反"有治人无治法"、"人治高于法治"的传统观念，将社会治理的关键诉诸优良、健全的法制和优秀的执法者的结合。

---

① 《深虑论》六，《逊志斋集》卷二，第76页。

② 《明夷待访录·原法》。

他重视治人、治法，并认为治法比治人更重要。无独有偶，这种较为独特的观念也出现在方孝孺的思想中。方孝孺说：

> 欲天下之治，而不修为治之法，治不可致也。欲行为治之法，而不得行法之人，法不可行也。故法为要，人次之。二者俱存则治，俱无则亡，偏存焉，则危。世未尝无人也，然取而用之，与用而责成之，无其法，则犹无人也。①

仔细研读二者的法律观点，则发现方孝孺与黄宗羲的言论非常相像。可以说，无论是在立法的精神上还是在治人治法的关系上，二者都是有亲缘关系的。

黄宗羲在《明儒学案》卷四十三《文正方正学先生方孝孺》中，仅仅提到方孝孺文集中的卷一、卷二的修身及部分政论，有关君主专制和法律方面的内容一概一带而过。想来，黄宗羲是有意回避政治忌讳。时代变化也在黄宗羲的《明夷待访录》中留下了方孝孺思想中所没有的时代痕迹，使得黄宗羲反君主专制多是从人的私性出发的，而不像方孝孺那样是从儒家道统的角度出发的。这是二者的不同之处。但我们通过逐条比较《明夷待访录》与方孝孺思想的关系，可知黄宗羲论述的基本问题的内容与方孝孺有过多相似的地方，故笔者不能不推断二者在观念上有继承，黄宗羲《明夷待访录》思想实际上是对方孝孺思想的继承与发扬，至少在笔者比较过的几个主题中是这样的。

---

① 《官政》，《逊志斋集》卷三，第90页。

第二节 黄宗羲对君主问题的新解

在儒家的传统思想中，如何限制君主权力的思考从来就没有停止过。汉代的董仲舒提出"以天抑君"的"天谴说"构想，将天作为君权运行的准则，将人间的政治权威纳入天这一最高权威的笼罩之下。宋代理学诸子则遵循孟子"格君心之非"的做法，力辨王霸之特质，以王道教化帝王，使帝王成为圣人之徒，以使得君主的行动符合王道。但是这些尝试均是从观念上进行制约，尚没有完成制度化，不能形成对君权的体制性制衡。故大一统以后的君权一直趋于集中的态势，终于在明初形成了绝对皇权。

面对初次形成的绝对皇权，方孝孺从批判明太祖的恐怖政治和废相入手，系统地考察了绝对皇权下的君权制约问题。他打破君主的天之宗子的神圣光环，辨明立君的本意和君主的职务。为了纠正违反这一恒常君职的错误，方孝孺主张以小民反抗冲击君权的力量、历史哲学对君主的批判功能、基层士民脱离君权的自治倾向来促使君主尽于君职。然而方孝孺对这一问题的考察与实践最终以君权对方孝孺的血腥屠杀而告终。但是士人对这一问题的研究没有终止。一旦政治环境适宜，对这一问题的研究又会生发出来。明末清初的政治环境与元末明初基本相同，所以出现了黄宗羲对这一问题的研究成果——《明夷待访录》。

从上一节我们已经了解到，黄宗羲继承了方孝孺在君主问题上的基本思路。然而时代前进了，必然赋予黄宗羲以新的思想内容。

沟口雄三说：

《明夷待访录》是以明末，尤其是神宗、熹宗时代的君主专横的历史体验为基础的。由于与君主专横的对立抗争，黄宗羲之父黄尊素由于东林党祸而下狱至死，黄宗羲便是在这样一种条件下执笔写作的。因为这个缘故，他的这部书也可以视为东林派人士人心声的集中表达。比如说，对君主之贪财的批判（雒于仁、冯琦、李三才等人），批判宦官（杨涟等），主张天下之是非与公论（顾宪成、缪昌期等），主张强化宰相之权限（叶向高等）对土地所有的安心的主张（钱士升等）公治的要求（陈龙治、刘宗周等）等等。……这些个别的、片断性的乃至局部性的理论，经过他的有条理的整序之后，集其大成，而使之更体系化了。①

正是晚明士人集体这种与君权斗争的经验以及江浙经济的发展，才让黄宗羲更注重个体利益的保护。他说：

> 嗟呼，天生斯民也，以教养记之于君。授田之法废，民买田而自养，犹赋税以扰之。……是亦不仁之甚，而以其空名跻之，曰君父君父。②

黄宗羲对利益的关注使他没有像方孝孺那样在对君主私心进行认定时有意曲折掩饰，而是清晰直白地认为君主就是自私自利、损人利己的。他说：

---

① 〔日〕沟口雄三：《中国前近代思想之曲折与展开》，陈耀文译，上海人民出版社，1997，第244页。
② 《明夷待访录·学校》。

后之为人君者不然，以为天下利害之权皆出于我，我以天下之利尽归于己，以天下之害尽归于人，亦无不可；使天下人不敢自私，不敢自利，以我之大私为天下之大公。①

向使无君，人各得自私，人各得自利也。②

虽然黄宗羲在君权来源上也认为其是以仁义为本的，如他说："天地之生万物，仁也。帝王之养万民，仁也。宇宙一团生气，聚于一人，故天下归之，此是常理。自三代以后，往往有以不仁得天下者，乃是气化运行，当其过不及处，如日食地震，而不仁者应之，久之而天运得常，不仁者自遭陨灭。'愿世世无生帝王家'，酷痛如此。班彪《王命论》止以命言，犹未离于世俗。"③ 但他更重视"气化运行"所造成的君主不仁。而且随着新的历史经验的丰富，黄宗羲在君主这一问题上提供了新的解决办法。他将包括他父亲黄尊素在内的东林党人的议政经验上升为理论，提出了学校议政、公是非于天下的办法，以学校作为监督君主的议论机关。黄宗羲认为，学校素来是养士的地方，但在君主为私的时代，不但要能养士，还要使学校起到对君主进行舆论监督的作用。他说：

盖使朝廷之上，间阎之细，渐摩濡染，莫不有诗书宽大之气，天子之所是未必是，天子之所非未必非，天子亦遂不敢自

---

① 《明夷待访录·原君》。

② 《明夷待访录·原君》。

③ 黄宗羲：《孟子师说》卷四，载于《黄宗羲全集》第一册，浙江古籍出版社，1985，第90页。

为非是，而公其非是于学校。①

虽然黄宗羲如此主张距现代代议制甚远，但仍不失为破冰之举。因为在君主专制时代，以天子之是非为是非，是天经地义的。要想打破天子对是非的垄断权，在理论上首先要要打破君主的神圣光环与至上性的地位。现实地看待君主才能实现将君主视为批判的对象。黄宗羲要天子公其是非于学校，接受学校的舆论监督，这对专制的君主来说，要比宰相分权、公法限权的约束力强大得多，也更具有现实意义。这是他超越方孝孺的地方。

具体到制度设计上，黄宗羲欲使学校拥有一定的督察权，形成一种督察制度。他对中央太学和郡县学校作如下设计：

> 太学祭酒，推择当世大儒，其重与宰相等，或宰相退处为之。每朔日，天子临幸太学，宰相、六卿、谏议皆从之。祭酒南面而讲学，天子亦就弟子之列。政有缺失，祭酒直言无讳。……

> 郡县朔望，大会一邑之缙绅士子。学官讲学，郡县官就弟子列，北面再拜。师弟子各以疑义相质难。其以薄书期会，不至者罚之。郡县官政缺失，小则纠绳，大则伐鼓号于众。②

虽然方孝孺、黄宗羲均认定君主为私，主张客观看待君主，对君权加以限制，但是显然黄宗羲的新举措更有可行性，也更有近代性，至少在理念上是如此。这种将原来属于清议场所的学校变成督

---

① 《明夷待访录·学校》。

② 《明夷待访录·学校》。

察各级政府官员政事缺失的检察机关的设计，看似是黄宗羲一人偶然创造，实际上是明代几百年来士人思考限制君权的必然选择，是其寻找强有力的限制君权的措施的一贯努力的结果。正是在这一意义上，黄宗羲已经达到中国民本思想的极致，再向前走一步，那就是民主思想的开端了。黎红雷教授说："黄宗羲并没有像近代西方的洛克、孟德斯鸠、卢梭等人所做的那样，具体解决'民意'如何体现为'民主'并落实为'民权'的问题，因而也就只能停留在传统'民本'思想和近代'民主'思想的交叉路口了。"[①] 其启蒙意义可想而知，但我们在评价黄宗羲思想的同时也要想到其前辈方孝孺的贡献。

第三节　小结

本章通过比较方孝孺与黄宗羲思想的三个方面，以说明方孝孺与黄宗羲思想的亲缘关系。其一，在立君本意上，方孝孺与黄宗羲都认为立君为公为民，对违背君职者进行强烈的批判。方孝孺、黄宗羲批判君主的现实力量在于他们认定人有自私自利的自然权利。其二，他们都认定现实君主的本性是自私的，应该对其进行制约。他们认为臣是与君主共治天下的合作者，臣出仕非为君主而是为天下。治理天下的重心应该放在臣身上。他们都主张复宰相以代表整体行政系统与君主分权。其三，他们都主张在公论的基础上，立法为天下之民，反对代表一家一姓的自私之法。这三点是方孝孺、黄

---

① 黎红雷：《人类管理之道》，商务印书馆，2000，第116页。

宗羲的共同之处，足以说明方、黄二人思想的亲缘关系。但是随着时代的发展、历史经验的增加，黄宗羲的思想有了新的内容。他综合东林党人参政议政的经验，以学校作为批判政治的检察机关。虽然学校议政与现代议政机关还有一定的距离，但是在议政理念上，黄宗羲确实已经建立起实际制度与机构了。这是其思想超越方孝孺的地方，也是其思想近代性的表现。

结　语
"从道与从君"的余响

　　后世文人评价方孝孺，说他是越杀越激、越激越杀，以至于天威几殚。事实上方孝孺以鲜血捍卫道义的勇气确实给朱棣造成了极大的震撼和恐惧。方孝孺死后，朱棣害怕篡夺来的政权的正当性再次遭到坚持儒学理想的士人的怀疑和挑战，所以他对士人采取了拉拢的办法，利用士人建立有利于自己统治的意识形态，比如重修《太祖实录》，编纂《五经大全》、《四书大全》、《性理大全》等，特别是大规模地编修《永乐大典》，把这种确立"正统性"的活动推向了高峰。

　　明成祖永乐十二年（1414），在朱棣的御监下，以程朱为标准，汇辑经传、集注，编为《五经大全》、《四书大全》、《性理大全》，诏颁天下。朱棣命编纂三部《大全》绝非是对儒学感兴趣，而是一种建构意识形态的政治行为。因为，三部《大全》的编纂，开始于永乐十二年十一月上谕之后，在朱棣的一再催促之下，修成于永乐十三年九月，时间不到一年。仓促成书，内容多有抵牾。朱棣却不以为耻，反以为荣，以为自己借此事可欺得天下人心。他在三部

《大全》的《御制序》中说：

> 朕惟昔者，圣王继天立极，以道治天下，自伏羲、神农、黄帝、尧、舜、禹、汤、文武、相传授受，上以是命之，下以是承之，率能致雍熙悠久之盛者，不越乎道以为治也。……，朕缵承皇考太祖高皇帝鸿业，即位以来，孳孳图治。惟虑君师治教之重，惟恐弗逮。切思帝王之治，一本于道。所谓道者，人伦日用之理，初非有德于外也。厥初圣人未生，道在天地；圣人既生，道在圣人；圣人已往，道在六经。……，乃者命编修《五经》、《四书》集诸家经注而为大全，凡有发明经义者取之，悖于经旨者去之。

这样一个在"靖难"中表现那般酷毒的君主，却在这场纂修《大全》的"事业"中，大谈圣王与道统，俨然以发扬道统的圣王兼教主面貌出现。他不说自己以藩臣干天位是对"道"的最大的违背，反而恬不知耻地大谈"道治天下"，说什么"穷理而明道，立诚以达本，修之于身，行之于家，而达之于天下，使家不异政，国不殊俗，大回淳古之风。以绍先王之统，以成熙雍之治"。[①] 他认为自己下令编修三部《大全》就是"道治"行为的一部分，"圣人已往，道在六经"嘛。站在现代的立场上，再看朱棣占领道德的制高点以欺骗天下士人的行径，不由地感到齿冷。

在这场编修的过程中，朱棣还借机掩盖自己篡位与屠杀士人的丑

---

① （明）朱棣：《性理大全御制序》，载于《性理大全》卷首，明刻本。另侯外庐等主编的《宋明理学史》亦收录全序。参见侯外庐、邱汉生、张岂之主编《宋明理学史》（下）卷一，人民出版社，1987，第11页。

行。他自认为是明太祖的继承人，是明朝的第二代皇帝，把建文帝完全撇开，只字不提。在此后官方史书的编著过程中，在对待壬午死难诸臣事迹上，朱棣嫡系子孙们几乎都采取了掩盖、歪曲的政策，例如王世贞说："文庙实录，是三杨诸公手笔，于方孝孺等直著其抗命之迹可也，乃曰方孝孺叩头乞哀，上命执之下于狱，呜呼，是何心哉！"① 直到南明时期，明政权到了奄奄一息时，才予以方孝孺为首的建文诸臣平反。具有讽刺意味的是，这时却是绝对皇权最弱的时期。

清代明兴，清承明制。在清代皇权专制下，方孝孺在明代所受到的冷遇，到清代并无二致。方孝孺在南明时期谥"文正"，统治者终于承认了方孝孺的思想地位。然而清乾隆四十一年改谥方孝孺为"忠文"，去掉一个"正"字，添加一个"忠"字，为的是将原谥文含义中对其在文化传统方面贡献的赞扬改成对其节义的认同。追其原因，不过是方孝孺有"正统论"文章四篇，"夷狄不能归于正统"这一观点无法为清统治者所接受。乾隆皇帝说：

> 兹复念建文革除之际，其臣之仗节死难者，史册所载甚多。当时永乐位本藩臣，乃犯顺称兵，阴谋夺国，诸人自当义不戴天，虽齐泰黄子澄等轻率寡谋，方孝孺识见迂阔，未足辅助少主，然迹其尊主锄强之心，实堪共谅。及大势已去，犹且募旅图存，抗词抵斥，虽殒身湛族，百折不回，洵为无惭名教者。②

---

① （明）王世贞：《弇山堂别集》卷二十一，载于台湾商务印书馆影印文渊阁《四库全书》，第409册，第257页。

② （清）乾隆皇帝：《上谕》，载于（清）舒赫德、于敏中等《钦定胜朝殉节诸臣录》卷首，台湾商务印书馆影印文渊阁《四库全书》，第456册，第396页。

他说方孝孺"识见迂阔","殒身湛族，百折不回"，所取于方孝孺者，非方孝孺之学问，而是方孝孺之忠义。联系清是以东狄入主中原，正是方孝孺所极力反对的"夷狄为正统"者。再加之方孝孺强调道统，反对君主专制，主张复立宰相，乾隆则说过"夫用宰相者，非人君其谁乎？使为人君者，但深居高处，惟以天下之治乱付之宰相，已不过问，幸而所用若韩、范，犹不免有上殿之相争，设不幸而所用若王、吕，天下岂有不乱者，比不可也。且使为宰相者，居然以天下之治乱为己任，而目无其君，此尤大不可也"①，二者思想观念过于抵牾。方孝孺之学问为封建帝王所深不喜也是必然。

乾隆对方孝孺的议论似乎给清朝文人评价方孝孺定了基调。理学名臣李光地说：

> 方正学释统辨甚哉，方氏之固也。其言曰三代正统也。汉唐与宋正统之次也。取之不以正，如晋宋齐梁不可以为统，戕虐乎生民如秦如隋不可以为统，外国女后不可以为统。其不以为统奈何，盖将不处以天子之礼，而国号纪年称名行事皆异其辞焉耳。然则可行乎，曰不可。盖圣人之为道也，通而不穷，故一可以顺天命，一可以立人纪。彼其一四海为天下君，或传世数百年而未改，而吾不谓之正统，其将能乎。且夫正也者，非必其得之之正而后谓之正，盖异于割壤画地而偏焉。而方氏以为正变之义，宜其惑也。②

---

① 转引自钱穆《中国近三百年学术史》，中华书局，1984，自序第 2 页。

② （清）李光地：《榕村语录》卷十七，载于台湾商务印书馆影印文渊阁《四库全书》，第 725 册，第 257 页。

　　李氏为本朝辩护，力贬方孝孺的"夷狄不得入正统"的学术观点。他从天命入手，以为清亦一统天下，君主当为天下之君，不分民族，且清得天下，并非篡弑，故可归于正统。从政治需要角度认为方孝孺见识迂阔，也许尚可原谅。而著名文人方苞甚至以为，方孝孺的节义也是其见识迂阔的结果。他说：

> 道之不闻，与粗知其大体，而察之未精，操之未熟，其遇死生患难之交，未有不震于卒然而失其常度者也。若正学方公之事，吾惑焉。国破君亡，缩剑自裁以无辱可也。即不幸为逻者得，闭口绝脰，不食而死可也。何故咕咕于口舌之间，以致沈先人之宗，而枉及十族哉！①

　　终明、清两代，无论是在生前还是在身后，方孝孺都没有得到君权的真正认可。笔者以为，君权对方孝孺的态度可以折射出，在绝对君权时代，以方孝孺为代表的儒家知识分子的精神正是使绝对君权不安、危及专制制度命运的精神。绝对君权对方孝孺精神的几百年的反对与打压，正彰显出方孝孺精神的价值和近代性的所在。

　　那么方孝孺代表的是一种什么精神呢？笔者以为，方孝孺身上体现着西方知识分子的抗争精神和中国士大夫的淑世情怀双重特征。这是从孔孟荀到程朱一以贯之的批判精神在卑劣世道的激荡下产生的光辉形象。余英时教授在《士与中国文化》的《引言》中写道：

---

① （清）方苞：《方苞集集外文》卷八，《方正学论》，载于张岱年等主编《传世藏书·集库·别集》第十三册，海南国际新闻出版中心、诚成文化出版有限公司，1996，第253页。

"孔子所最先揭示的'士志于道'便已规定了'士'是基本价值的维护者；曾参发挥师教，说得更为明白：'士不可以不弘毅，任重而道远。仁以为己任，不亦重乎？死而后已，不亦远乎？'这一原始教义对后世的'士'产生了深远的影响，而且愈是在'天下无道'的时代也愈显出它的力量。……如果根据西方的标准，'士'作为一个承担着文化使命的特殊阶层，自始便在中国史上发挥着'知识分子'的功用。"① 方孝孺身上就有这种精神，这种精神的培养是"从道不从君"的优良传统在士大夫的风骨形成的心灵积习。这种"从道不从君"精神的内涵的发展是一个长期的过程。荀子说：

从道不从君，从义不从父，人之大行也。

鲁哀公问于孔子曰："子从父命，孝乎？臣从君命，贞乎？"三问，孔子不对。孔子趋出，以语子贡曰："乡者君问丘也，曰：子从父命，孝乎？臣从君命，贞乎？三问而丘不对，赐以为何如？"子贡曰："子从父命，孝矣；臣从君命，贞矣。夫子有奚对焉？"孔子曰："小人哉！赐不识也。昔万乘之国，有争臣四人，则封疆不削；千乘之国，有争臣三人，则社稷不危；百乘之家有争臣二人，则宗庙不毁。父有争子，不行无礼；士有争友，不为不义。故子从父，奚子孝？臣从君，奚臣贞？审其所以从之之谓孝、之谓贞也。"②

类似的言论还出现在《曾子全书》和《孝经》中：

---

① 余英时：《士与中国文化》，上海人民出版社，2003，引言第2页。

② 均出于《荀子·子道》。

曾子曰："若夫慈爱、恭敬、安亲、扬名，参闻命矣。敢问从父之令可谓孝乎？"子曰："是何言与？是何言与！昔者，天子有争臣七人，虽无道，不失其天下；诸侯有争臣五人，虽无道，不失其国；大夫有争臣三人，虽无道，不失其家；士有争友，则身不离于令名；父有争子，则身不陷于不义。故当不义，则子不可以弗争于父；臣不可以弗争于君。故当不义，则争之。从父之令，又焉得为孝乎？"①

子曰："君子之事上也，进思尽忠，退思补过，将顺其美，匡救其恶，故上下能相亲也。"②

其实早在春秋时孔子就讲过"所谓大臣者，以道事君，不可则止"③。儒家虽然主张儒者应该辅佐君主治理天下，但绝不赞成做君主的驯服工具。其把"道"置于"势"之上，倡导人们"从道不从君"，坚定地信守"仁义之道"而不是"帝王之势"。实际上儒家是把君主看作实现"天下有道"的工具。正是如此，儒士往往把服从自己的良知放在服从君主之前，把道视为君主的对立物，用道批评君主，张扬"道高于君"；在行动上也常以道为由抗君命、矫君命，甚而以有道伐无道，进行革命或造反。这种独立的批判精神成为儒家出仕的标准。方孝孺正是为这种精神才付出代价的。

宋代二程、朱子在把儒学道统体系化的过程中，把帝王统"道"

---

① 《曾子全书·仲尼闲居》，载于贾庆超主编《曾子校释》，山东大学出版社，1993，第41页。
② 胡全生译注《孝经译注》，《事君章》第十七，中华书局，1996，第37页。
③ 《论语·先进》。

转变为儒者统"道",其道统没有把周以后历代帝王囊括进来,因而更具有对抗君权的意义,从而发展了荀子"从道不从君"的思想。"道"比"政"要高一个档次,他们讲"从道不从君"、讲"贬天子,退诸侯,讨大夫"①的"批判"精神更多了一重"道统"的精神慰藉。儒学知识分子们相继发挥着抗争精神,矫正着君权的运行方向,正是"道统"力量的体现。在这种独立的批判精神下,儒士把自己放在一种与君相对平等的地位上,要求出仕时保持政治态度上的平等和人格的独立。君主手中有爵位权势,但是需要儒士的智慧和仁义才能治理天下,政治的意义还在儒士的手中。在儒士眼中,"道"、"仁政"、"民"同属最崇高的事业,儒士便是这种事业的代表。在这个事业面前,君王是渺小的,"志意修则骄富贵,道义重则轻王公"。②有这种精神的支持,儒士才能保持自己的客观态度和独立人格。方孝孺彰显的正是这种精神。他之所以伟大,在于他把这种精神当成了他生命的支柱,为之而生,为之而死。

---

① （汉）司马迁:《史记》卷一百三十,《太史公自序》,中华书局,1959,第3297页。

② 《荀子·修身》。

参考文献

一 方孝孺著作及版本

[1] 方孝孺：《逊志斋集》，明嘉靖四十年（1562），范惟一、王可大刊本。

[2]（明）方孝孺：《逊志斋集》，徐光大校点，宁波出版社，2000。

[3]（明）方孝孺等：《缑城正气集》，张常明编注，上海古籍出版社，2003。

[4] 朱瑞熙、章培恒主编《传世藏书·集库·别集》第七册，《方孝孺集》，海南国际新闻出版中心、诚成文化出版有限公司，1996。（同清文渊阁《四库全书》本）

[5]（明）姚履旋、（清）项亮臣等编《方正学先生逊志斋外纪》，《四部备要》本。

[6]《方正学年谱》，载于殷萝霞选编《浙江学人年谱》第三册，北京图书馆出版社，2003。

[7]（明）方孝孺：《逊志斋集》，张树旺校点，北京大学《儒藏》编纂与研究中心编《儒藏·精华编二五○册》，北京大学出版社，2014。

二 相关著作

（一）先秦文献

[1] 程树德：《论语集释》，程俊英、蒋见元点校，中华书局，1990。

[2] （战国）孟轲：《孟子》，（东汉）赵岐等注，中华书局，1998。

[3] （清）王先谦：《荀子集解》，沈啸寰、王星贤点校，中华书局，1996。

[4] 陈奇猷校释《吕氏春秋新校释》，上海古籍出版社，2002。

[5] 陈奇猷校释《韩非子集释》，上海人民出版社，1974。

（二）汉唐著作

[1] （汉）司马迁：《史记》，中华书局，1959。

[2] （汉）贾谊：《新书校注》，阎振益、钟夏校注，中华书局，2000。

[3] （汉）班固撰，（唐）颜师古注《汉书》，中华书局，1962。

[4] （汉）刘向编著《新序校释》，石光英校释，陈新整理，中华书局，2001。

[5] （宋）范晔：《后汉书》，（唐）李贤注，中华书局，1965。

[6] （唐）李世民：《唐太宗集》，吴云、冀宇编辑校注，陕西人民出版社，1986。

[7] （唐）韩愈：《韩昌黎全集》，中国书店，1991。

[8] （唐）长孙无忌等：《唐律疏议笺解》，刘俊文笺解，中华书局，1996。

[9] 《全唐文》，中华书局本。1983。

（三）宋代著作

[1] （宋）张载：《张载集》，中华书局，1978。

[2] （宋）朱熹编《二程遗书》，《四库》本。

[3] （宋）叶適：《水心集》，《四库》本。

[4] （宋）欧阳修、宋祁撰《新唐书》，中华书局，1975。

[5] （宋）朱熹：《四书章句集注》，中华书局，1983。

[6] （宋）陆九渊：《陆九渊集》，钟哲点校，中华书局，1980。

[7] （宋）程颢、程颐：《二程集》，中华书局，1981。

[8] （宋）朱熹：《论语集注》，中华书局，1983。

[9] （宋）李焘：《续资治通鉴长编》，上海师范大学古籍整理研究所、华东师范大学古籍整理研究所点校，中华书局，1992。

[10] （宋）黎靖德编《朱子语类》，王星贤点校，中华书局，1994。

[11] （宋）朱熹：《朱熹集》，郭齐、尹波点校，四川教育出版社，1996。

（四）明代著作

[1]《明太祖实录》，台湾"中央研究院"历史语言研究所本。

[2] （明）宋濂：《宋学士全集》，《传世藏书》本。

[3] （明）黄淳耀：《陶庵全集》，《四库》本。

[4] （明）刘宗周：《刘蕺山集》，《四库》本。

[5] （明）程敏政编《明文衡》，《四库》本。

[6] （明）程敏政编《新安文献志》，《四库》本。

[7] （明）徐纮编《明名臣琬琰续录》，《四库》本。

[8] （明）王世贞：《弇山堂别集》，《四库》本。

[9]（明）廖道南：《殿阁词林记》，《四库》本。

[10]（明）薛暄：《敬轩文集》，《四库》本。

[11]（明）陆辑编《古今说海》，《四库》本。

[12]（明）朱棣：《性理大全御制序》，载于《性理大全》卷首，明刻本。

[13]（明）叶子奇：《草木子》，中华书局，1959。

[14]（明）李贽：《续藏书》，中华书局，1959。

[15]（明）沈德符：《万历野获编》，中华书局，1959。

[16]（明）郑晓：《建文逊国臣记》，商务印书馆，1977。

[17]（明）余继登：《典故纪闻》，中华书局，1981。

[18]（明）焦竑：《玉堂丛语》，中华书局，1981。

[19]（明）章懋：《枫山集》，《四库》本。

[20]（明）罗洪先：《念庵文集》，《四库》本。

[21]（明）张岱：《陶庵梦忆》，古籍出版社，1982。

[22]（明）丘濬：《大学衍义补》，京华出版社，1999。

[23]（明）郎瑛：《七修类稿》，世纪出版集团、上海书店出版社，2001。

[24]（明）钱士昇：《皇明表忠记》，台湾：明文书局，2001。

[25]（明）刘基：《郁离子》，木子译注，学林出版社，2002。

（五）清代著作

[1]（清）李光地：《榕村语录》，《四库》本。

[2]（清）《御批历代通鉴辑览》，《四库》本。

[3]（清）朱彝尊：《曝书亭集》，《四库》本。

［4］（清）朱轼：《史传三编》，《四库》本。

［5］（清）秦蕙田：《五礼通考》，《四库》本。

［6］（清）沈佳：《明儒言行录》，《四库》本。

［7］（清）嵇璜、曹仁虎等：《钦定续通典》，《四库》本。

［8］（清）舒赫德、于敏中等：《钦定胜朝殉节诸臣录》，《四库》本。

［9］（清）张廷玉等：《明史》，中华书局，1974。

［10］（清）谷应泰：《明史纪事本末》，中华书局，1977。

［11］（清）黄宗羲：《明夷待访录》，中华书局，1981。

［12］（清）王聘珍：《大戴礼记解诂》，王文锦点校，中华书局，1983。

［13］（清）赵翼：《廿二史札记校证》，王树民校证，中华书局，1984。

［14］（清）黄宗羲：《明儒学案》，中华书局，1985。

［15］（清）黄宗羲：《黄宗羲全集》，浙江古籍出版社，1985。

［16］（清）查继佐：《罪惟录》，浙江古籍出版社，1986。

［17］（清）孙诒让：《周礼正义》，王文锦、陈玉霞点校，中华书局，1987。

［18］（清）孙希旦：《礼记集解》，沈啸环、王星贤点校，中华书局，1989。

［19］（清）顾炎武：《日知录》，黄汝成集释，花山文艺出版社，1990。

［20］顾炎武：《顾亭林诗文集》卷五，中华书局，2008。

（六）现代著作

［1］孟森：《明清史论著集刊》，中华书局，1959。

［2］钱穆等：《明代政治》，台湾学生书局，1968。

［3］高亨注译《商君书注译》，中华书局，1974。

［4］邱德修：《中国历代思想家·方孝孺》，台湾商务印书馆，1977。

［5］黄云眉：《明史考证》，中华书局，1979。

［6］高亨：《周易大传今注》，齐鲁书社，1979。

［7］吴文忠：《方孝孺研究》，香港大学硕士论文，1980。

［8］杨伯峻编著《春秋左传注》，中华书局，1981。

［9］严复：《严译名著丛刊·孟德斯鸠法意》上册，商务印书馆，1981。

［10］王亚南：《中国官僚政治研究》，中国社会科学出版社，1981。

［11］钱穆：《中国近三百年学术史》，中华书局，1984。

［12］张岱年：《中国哲学大纲》，中国社会科学出版社，1982。

［13］徐复观：《学术与政治之间》，台湾学生书局，1985。

［14］孟森：《明清史论著集刊续编》，中华书局，1986。

［15］梁漱溟：《中国文化要义》，香港三联书店，1987。

［16］侯外庐、邱汉生、张岂之主编《宋明理学史》（下），人民出版社，1987。

［17］柳诒徵：《中国文化史》上册，中国大百科全书出版社，1988。

［18］陈雪玉：《方孝孺政治思想》，台湾辅仁大学硕士论文，1988。

［19］王廷相：《王廷相集》，王孝鱼点校，中华书局，1989。

［20］萨孟武：《中国政治思想史》，台北三民书局股份有限公司，1989。

［21］张德胜：《儒家伦理与秩序情结——中国思想的社会学诠释》，巨流图书公司，1989。

［22］管子：《管子今注今译》下册，李勉译注，台湾商务印书馆，1990。

［23］姬秀珠：《明初大儒方孝孺研究》，台北文史哲学出版社，1991。

［24］容肇祖：《明代思想史》，齐鲁书社，1992。

［25］苏舆：《春秋繁露义证》，钟哲点校，中华书局，1992。

［26］钱穆：《中国学术思想史论丛》（六），台北东大图书公司，1993。

［27］贾庆超主编《曾子校释》，山东大学出版社，1993。

［28］黎红雷：《儒家管理哲学》，广东高等教育出版社，1993。

［29］施特劳斯、克罗波西主编《政治哲学史》，河北人民出版社，1993。

［30］夏曾佑：《中国古代史》，台湾商务印书馆，1994。

［31］王健：《中国明代思想史》，人民出版社，1995。

［32］饶宗颐：《中国史学上之正统论》，远东出版社，1996。

［33］胡全生译注《孝经译注》，中华书局，1996。

［34］冯友兰：《贞元六书》，华东师范大学出版社，1996。

［35］陈来：《古代宗教与伦理——儒家思想的根源》，上海三联书店，1996。

［36］牟宗三：《政道与治道》（增订版），台湾学生书局，1996。

［37］牟宗三：《才理与玄理》（修订八版），台湾学生书局，1997。

［38］〔日〕沟口雄三：《中国前近代思想之曲折与展开》，陈耀文译，上海人民出版社，1997。

［39］张分田、萧延中：《中华文化通志·政治学志》，上海人民出版社，1998。

［40］王春南、赵映林：《中国思想家评传丛书——宋濂、方孝孺评传》，南京大学出版社，1998。

［41］罗冬阳：《明太祖礼法之治研究》，高等教育出版社，1998。

［42］萧公权：《中国现代学术经典·萧公权卷》，河北教育出版社，1999。

［43］梁漱溟：《东西文化与及其哲学》（修订版），商务印书馆，1999。

［44］黎红雷：《人类管理之道》，商务印书馆，2000。

[45] 张学智：《明代哲学史》，北京大学出版社，2000。

[46] 张分田：《亦主亦奴：中国古代官僚的社会人格》，浙江人民出版社，2000。

[47] 葛荃：《立命与忠诚：士人政治精神的典型分析》，浙江人民出版社，2000。

[48] 朱义禄：《黄宗羲与中国文化》，贵州人民出版社，2000。

[49] 杨国荣导读《阳明传习录》，上海古籍出版社，2000。

[50] 陈垣：《明季滇黔佛教考》，河北教育出版社，2000。

[51] 孙以楷、甄长松译注《墨子全译》，巴蜀书社，2000。

[52] 李民、王健译注《尚书译注》，上海古籍出版社，2000。

[53] 左东岭：《王学与中晚明士人心态》，人民文学出版社，2000。

[54] 夏咸淳：《情与理的碰撞：明代士林心史》，河北大学出版社，2001。

[55] 史小军：《复古与新变：明代文人心态史》，河北教育出版社，2001。

[56] 王国维：《观堂集林》（上、下），河北教育出版社，2001。

[57] 钱穆：《中国历代政治得失》，生活·读书·新知三联书店，2001。

[58] 朱诚如、王天有主编《明清论丛》第三册，紫禁城出版社，2002。

[59] 孟森：《明史讲义》，上海古籍出版社，2002。

[60] 徐复观：《徐复观文集》第一卷、第二卷，湖北人民出版社，2002。

[61] 李书增等：《中国明代哲学》，河南人民出版社，2002。

[62] 向燕南：《中国史学思想通史·明代卷》，黄山书社，2002。

[63] 蒋庆：《政治儒学》，三联书店，2003。

[64] 冯天瑜、谢贵安：《解构专制：明末清初"新民本"思想研究》，湖北人民出版社，2003。

[65] 余英时：《朱熹的历史世界——宋代士大夫政治文化的研究（上下篇）》，台北允晨文化实业股份有限公司，2003。

[66] 余英时：《中国思想传统的现代诠释》，江苏人民出版社，2003。

[70] 余英时：《士与中国文化》，世纪出版集团，2003。

[71] 梁启超：《先秦政治思想史》，天津古籍出版社，2003。

[72] 钱茂伟：《明代史学的历程》，社会科学文献出版社，2003。

[73] 张显清、林金树主编《明代政治史》，广西师范大学出版社，2003。

[74] 葛荃：《权力宰制理性：士人、传统政治文化与中国社会》，南开大学出版社，2003。

[75] 张分田：《中国帝王观念：社会普遍意识中的"尊君——罪君"文化范式》，中国人民大学出版社，2004。

[76] 张师伟：《民本的极限：黄宗羲政治思想新论》，中国人民大学出版社，2004。

[77] 何冠彪：《生与死：明季士大夫的抉择》，台北联经出版事业公司，1997。

三　相关文章

[1] 李沫：《书明史方正学先生传后》，《文澜学报》1937年第1期。

[2] 吴缉华：《明代建文帝在传统皇位上的问题》，《大陆杂志》1957年第1期。

[3] 沈刚伯：《方孝孺的政治学说》，《大陆杂志》1961年第5期。

[4] 景唐：《一代孤忠方孝孺》，《浙江月刊》1971年第4期。

[5] 那志良：《行端学笃的方孝孺》，《中央月刊》1973年第3期。

[6] 袁建禄：《守正不阿的我浙先儒方孝孺》，《浙江月刊》1975年

第 11 期。

[7] 葛成朴：《方孝孺先生故里遗迹散记》，《浙江月刊》1977 年第
　　12 期。

[8] 邱德修：《方孝孺生平事迹和政治思想》，《中华文化复兴月刊》
　　1978 年第 8 期。

[9] 戴朴庵：《方孝孺的死节及其学术思想》，《浙江月刊》1984 年
　　第 7 期。

[10] 姬秀珠：《方孝孺年谱稿》，《国立编译馆馆刊》1991 年第 6 期。

[11] 孙广德：《方孝孺的政治思想》，《国立政治大学学报》1993
　　年第 10 期。

[12] 江举谦：《方孝孺〈深虑论〉》，《明道文艺》1993 年第 2 期。

[13] 江举谦：《方孝孺〈指喻〉》，《明道文艺》1993 年第 4 期。

[14] 王家范、程念祺：《论明初对洪武政治的批评——方孝孺的政
　　治理想与建文帝的政策改革》，《史林》1994 年第 3 期。

[15] 孙湘云：《方孝孺的夏夷论》，《华中师范大学学报》（哲学社
　　会科学版）1995 年第 6 期。

[16] 郑昌淦：《我国先哲论人权》，《中国哲学史》1995 年第 1 期。

[17] 徐立新：《儒家之绝唱——方孝孺悲剧根源剖析》，《台州师专
　　学报》1996 年第 5 期。

[18] 王记录、闫明恕：《正统论与欧阳修的史学思想》，《贵州社会
　　科学》1996 年第 9 期。

[19] 宁泊：《清人明史研究中的正统观和忠义观》，《南开学报》
　　（哲学社会科学版）1996 年第 4 期。

[20] 谢长法：《乡约及其社会教化》，《史学集刊》1996 年第 3 期。

［21］卢胡彬：《略述方孝孺的族谱学》，《史耘》1996 年第 9 期。

［22］陈淑媛：《方孝孺正统论初探》，《史汇》1996 年第 5 期。

［23］卢先志：《方孝孺罪诛十族的真相》，《明道文艺》1996 年第 10 期。

［24］赵映林：《方孝孺的"立法利民"观》，《文史杂志》1997 年第 6 期。

［25］曹凤祥：《论明代族田》，《社会科学战线》1997 年第 2 期。

［26］张星久：《中国古代官僚制度的自主性分析》，《政治学研究》1997 年第 4 期。

［27］张星久：《试析中国封建君主专制制度的内在基本矛盾——对中国君主制度研究的基本命题的一个尝试性解答》，《政治学研究》1998 年第 4 期。

［28］金太军：《论中国传统政治文化的政治社会化机制》，《政治学研究》1999 年第 2 期。

［29］刘宗贤：《明代初期的心性道德之学》，《中国哲学史》1999 年第 2 期。

［30］周益忠：《试论方孝孺的"谈诗五首"》，《国文学志》2000 年第 12 期。

［31］赵玉田：《明代的国家建制与皇储教育》，《东北师范大学学报》（哲学社会科学版）2001 年第 4 期。

［32］羽离子：《潸然泪下读青史——短议〈宋濂　方孝孺评传〉》，《文史杂志》2001 年第 5 期。

［33］邬昆如：《明代"天→君→臣→民"之社会哲学思想》，《中山大学学报》（社会科学版）2002 年第 2 期。

［34］杨海文：《〈孟子节文〉的文化省思》，《中国哲学史》2002 年

第 2 期。

[35] 李交发：《论古代中国家族司法》，《学术月刊》2002 年第 4 期。

[36] 赵映林：《方孝孺的苦乐观》，《文史杂志》2002 年第 4 期。

[37] 李交发：《论古代中国家族司法》，《法商研究》2002 年第 4 期。

[38] 单纯：《论儒家的气节观及其现代价值》，《东方论坛》2002 年第 4 期。

[39] 崔永东、龙文懋：《评中国思想家对道德与法律之关系的探索》，《孔子研究》2003 年第 1 期。

[40] 王基西：《理学家小传（31）——正学先生方孝孺》，《中国语文》2003 年第 4 期。

[41] 成复旺：《自然、生命与文艺之道——对中国古代文论中"道艺论"的考察》，《求索》2003 年第 1 期。

四　外文文献

[1] Robert B. Crawford, Harry M. Lamley, and Albert B. , "Mann: Fang Hsiao-ju in the Light of Early Ming Society, Monumenta Serica", *Journal of Oriental Studies*, Vol. XV, 1956.

[2] J. J. L. Dugvendak, *The Book of Lord Shang*, Arthur Probsthain, London, 1928.

文献综述

一　版本研究

《明史·方孝孺传》记载：“方孝孺工文章，醇深雄迈，每出一篇，海内争相传诵。永乐中，藏方孝孺文者罪至死。门人王稌潜录为侯城集，故后得行一世。”《明史》的记载让人感到方孝孺的文集是王稌所编辑的。实际上《逊志斋集》最初极有可能是方孝孺自己编辑的。因为方孝孺在洪武三十年《上蜀府启》中提及自己有旧文稿两册（《上蜀府启》，《逊志斋集》卷九，第265页），而且《逊志斋集》原有的林佑序和王绅序，所作时间也是在洪武三十年。之所以《明史》作者认同王稌在收集整理《逊志斋集》中所起到的作用，是因为王稌收集方孝孺文稿的几封信保存在《逊志斋外纪》中。

该文集在明宣德以后才逐渐流传开来。《逊志斋集》最初可知的版本一共三十卷，《拾遗》十卷，为明黄孔昭、谢铎所编。流传至今的一般是《方正学先生逊志斋集》二十四卷，简称《逊志斋集》，为三十卷本的合并本。方孝孺的其他著作如《周易枝辞》、《周礼考次目录》、《武王戒书注》、《宋史要目》、《基命录》、《文统》等都已失传。

目前《逊志斋集》国内保存的版本主要有：

（明）成化十六年（1481），郭绅刊本《逊志斋集》三十卷。

（明）正德十五年（1520），顾璘等刊本，含附录一卷。

（明）嘉靖二十年（1542），蜀藩刊本。

（明）嘉靖四十年（1562），范惟一、王可大刊本。有（清）丁丙拾遗重修本。

（明）万历四十年（1612），丁宾等刊本，附外纪二卷。

（明）崇祯十六年（1643），张绍谦刊本。外纪一卷，年谱一卷。

（清）康熙三十七年（1698）《方正学先生逊志斋集》附辩证、年谱（明庐演、翁明英编）。

（清）赵声浦刊本《方正学先生逊志斋集》附辩证、年谱（明庐演、翁明英编）拾补、外纪。

（清）文渊阁《四库全书》本。无附录。

（清）同治十二年（1873）《方正学先生逊志斋集》附辩证、年谱（明庐演、翁明英编）。

（明）《李卓吾评选方正学文集》十一卷，附录一卷，三异人文集之一四库全书存目补编本。

（明）《徐文长评选方正学文集》十一卷。

《方正学先生逊志斋集》二十四卷，四部备要本。

《逊志斋集》二十四卷，附录一卷，四部丛刊本。

朱瑞熙、章培恒主编《传世藏书·集库·别集》第七册，《方孝孺集》，海南国际新闻出版中心、诚成文化出版有限公司，1996。（同清文渊阁《四库全书》本）。

（明）方孝孺：《逊志斋集》，徐光大校点，宁波出版社，2000。

（明）姚履旋、（清）项亮臣等编《方正学先生逊志斋外纪》，四部备要本。

另据文献记载，载有《逊志斋集》全部或部分的有：《乾坤正气集》、《丛书集成初编》、《明八大家集》等。

《逊志斋集》内容提要如下：

刘宗周《方正学先生逊志斋集序》中说："自箴、铭、杂诫以往，繇其言，考其所学，想见其践履之密，操持之固，愿力之宏与经术经世之富有。而先生之于道，已扪然升堂而启室矣。其处也，非孔孟不师；其出也，非伊周不任，世以为程朱复出，真程朱复出也，故曰正学也。"黄宗羲也说："先生直以圣贤自任，一切世俗之事皆不关怀。谓人道之路，莫切于公私义利之辨；谓圣功始于小学，作幼仪二十首；谓化民必自正家始，作宗仪九篇；谓王治尚德而缓刑，作深虑论十篇；谓道体而事无在列，杂诫以自警。持守之严，刚大之气，与紫阳真相伯仲，固为有明之学祖。"（《明儒学案》卷四十三，第1045页）

现将其卷次与文体列表如下：

卷次	文体	卷次	文体	卷次	文体	卷次	文体
1～8	杂著	12～14	序	19	赞	22	碑、表、志
9	表、笺、启、书	15～17	记	20	祭文、诔、哀辞	23	古诗
10～11	书	18	题跋	21	行状、传	24	律诗、绝句

二　国内外相关文献综述

（一）研究方孝孺的专著

目前笔者收集到的研究方孝孺的专著共有四部：台湾学者姬秀珠：《明初大儒方孝孺研究》；江苏学者赵映林：《方孝孺评传》；台湾学者邱德修：《中国历代思想家·方孝孺》第六册，台北商务印书馆；陈雪玉：《方孝孺政治思想》，台湾辅仁大学硕士论文。另有吴文忠《方孝孺研究》，香港大学硕士论文。

《明初大儒方孝孺研究》是最好的一部由现代学者撰写的关于方孝孺的正规性学术研究著作。作者历经三年的研究，写成涉及方孝孺思想方方面面的全面性著作。该著作分为三大部分。第一部分是从其个人成长的具体环境和当时社会政治的大环境出发，总体分析方孝孺的思想与行为的合理之处。这一部分首先是分析方孝孺的家学和师承。作者认为方孝孺正是在家庭和老师的影响下，才形成了那样的人格抱负和安贫乐道与利民安邦的致思方向。正是在这种人格与学问的前提下，方孝孺殉国的这一历史事件才得以发生。所以作者接着分析了方孝孺"壬午殉难"的内在原因。再次，作者在这一部分分析了方孝孺流传至今的文集与墨迹。

第二部分综合分析了方孝孺的学术思想。作者首先分析了当时的学术环境，认为当时由于官方的提倡、学校教育与科举制度的结合，社会趋于太平，在学术界存在一股学古达世、经世致用的学风。在这一环境的影响下，方孝孺的治学态度与治学方法有着非常强烈的践履笃实的特色，他的思想体系的结构也就是以六经为根底，以孔孟为依据，以理学为模范，以继承道统为己任。

第三部分是分析方孝孺的政治思想。其基本手法还是由史入论，首先分析当时的政治环境——朱元璋通过君主集权和恐怖政治，建立起了绝对王权体系。而当时的政治思想家，像刘基、宋濂的政治思想也对方孝孺产生了很大的影响。所以作者认为这些都是方孝孺思想产生的缘起。而方孝孺政治思想的内容主要有政治理念，作者认为是天人合一与民本思想；政治主张，作者分为乡族制度与社会建设、君主立宪与平均地权。

姬著的长处在于史料准备充分，文理通畅，基本上复原了方孝孺生活的历史世界；其不足之处在于中国哲学，特别是中国哲学史的知识背景欠缺，理论的分析能力有所不足，得出的结论亦有失偏颇，如将方孝孺的君主思想简单说成君主立宪。她对方孝孺的理学思想和反佛老思想也分析不足，缺乏源流上的追溯。但总体上来说，此书不失为方孝孺研究的开荒之著。

赵映林的《方孝孺评传》是大陆第一部研究方孝孺思想的综合著作。作者将传主的生平、事功和思想放入历史长河与中国文化的大背景中进行纵横联系，以纵为主地进行全面考察，运用文化学的理论与方法，使宏观综论与微观剖析榫卯相扣，展示传主的思想风貌，揭示其思想结构，探求其思想的文化底蕴。作者力图厘定方孝孺在中国思想史上的地位和展示那个特定历史时代的悲剧。

全传分为八章，分别是方孝孺的时代、方孝孺的家世与生平、方孝孺的政治思想、方孝孺的法思想、方孝孺的经济思想、方孝孺的理学思想、方孝孺的文学主张和方孝孺思想综述。作者认为方孝孺以民本思想为指导，提出了仁义治国的一系列主张，强调君主之职在于养民、育民，要求人君依据天理实行仁政，同时作者认为方孝孺提出"诚以格君"的方法作为实现君职的保证。这种政治理论体现了一种"视民如伤"的人道主义精神。在法思想方面，方孝孺主张把法作为推行仁政的保障措施，反对严刑峻法和不教而诛。他重法也重人，强调二者不可偏废。方孝孺忧虑社会上贫富不均的现象，希望通过推行井田制，以实现均田。方孝孺学归程朱理学，对把理学之理想推向社会做出了巨大的努力。其理学思想具体分为天道观、主敬立诚的功夫论、义利兼容的义利观和孝以继志的孝思想等。全传最后一部分论述了方孝孺文以载道、文道合一的文统论。

这部评传的优点是信息量大，长于描述，作者是一位法学出身的学者，所以对方孝孺的法律思想论述得十分到位，但对方孝孺的哲学思想论述得不是十分到位，仅将方孝孺的哲学思想与中国哲学史不太相关的思想家联系起来比较研究，没能分析出方孝孺对明代士人思想的影响。同时，他对方孝孺历史世界的还原也不如姬著好。

此传与台湾学者邱德修的《中国历代思想家·方孝孺传》有相同之处。邱著将方孝孺的事迹与思想分成四部分进行论述。一为传略，二为学术思想，三为著述介绍，四为对后世的影响。真正有学术价值的只在第二部分学术思想中。他在这一部分中论述了方孝孺的思想渊源、治学目的和方法，文学思想与政治思想。从中可以看出邱著对姬秀珠著作的影响。但是邱著的信息量太少，所作各观点也散见之前有关方孝孺的单篇文章中。所以邱著只是总结性著作，创新性不大。

陈雪玉的《方孝孺政治思想》是台湾辅仁大学硕士论文。作者从政治思想史的流变出发，认为自秦汉至民国之间的一千余年，历代皆属于君主专制政治。君主专制政治的最大鹄的，乃是在长期维持专制者的统治地位，所以并未重视民生建设，更甚者，残民以逞。面对专制的各种流弊，有识之士无不欲提出解决之道，但是能真正切中问题症结的，为数并不多，而方孝孺正是其中较特立突出者。因为他不仅批判政治现象，并且能更进一步去批判君主专制制度，又提出以制度改革来解决政治问题。所以他已经跳出传统儒家政论的窠臼，而指出解决政治问题的新方向，实为中国明代政治思想的奇葩。此外，方孝孺是明清反专制思朝的先驱，并且其思想曾在明初形成风潮，促使建文朝政治改革，以减弱太祖专制苛政之弊害。所以，无论就政治理论还是实践来看，方孝孺皆有重要地位。

这篇论文以方孝孺政治思想为研究主题。其全文约十万字，共分三章与《绪论》、《结论》、《附录》。《绪论》旨在说明文题，陈述研究动机、范围、方法。第一章《方孝孺政治思想的发展历程》，探讨方孝孺的政治思想与时代环境、历史文化的关系，由此考察方氏政治思想具有的发展性。她将其区分为四个阶段：第一阶段为奠定思想的雏形，第二阶段为厘清君权的本质，第三阶段为拟划乡族制度，第四阶段为实践官制改革的理论。其分以四节探讨之。

第二章《方孝孺政治思想的体系》，探讨方孝孺政治思想的内在结构。由此考察，则方氏首先提"政治起源论"，申明政治的起源与政治上有阶层分化的真义在"分工"。然而因现实政治制度能否依此理念运作的关键在于君王，于是方氏接著书"君王职责论"，以申明君职在于养教人民，并以此为理论依据，来批判现实君王的失职，而残民以逞。那么如何解决君王失职的流弊呢？作者以为方孝孺提"制度改革论"，主张在中央进行政治制度的改革，以削弱君权；在地方上建立社会制度，以取代君职。作者分四节以阐明方孝孺的政治思想。第三章《评论》，以明代的政治社会环境与中国历史文化的脉络为准据，来评论方孝孺的政治思想。《结论》，总结前文所见，并略述方孝孺政治思想的影响。《附录》，为方孝孺年表。

这篇论文的长处在于集中分析、梳理了方孝孺的政治思想的内在构成，缺点是弱于分析方孝孺思想的形成原因，且对方孝孺的整体思想，及方孝孺思想的外部影响没有分析。

（二）相关研究著作章节或文章

1. 有关方孝孺生平与殉难的资料

方孝孺殉难，震动儒林。闻方孝孺死，当时不在罪列但悲痛而同去之友徒有三四人。故后世儒林重其节行论述评论其事件者，代出不穷。究其代表性著作，有如下几书：张廷玉等撰《明史·方孝孺传》，谷应泰撰《明史记事本末》，孟森撰《明史讲义》，夏燮撰《明通鉴》，郑晓撰《建文逊国记》，王崇武撰合集《明本纪校注、奉天靖难记注、明靖难史事考证稿》，李贽撰《续藏书·文学博士方孝孺传》等。此类书的特点往往以简明的笔调勾画出方孝孺的生平事迹，提及其幼年、成年和殉难时的表现，将其节行与儒家理想人格作一比较，对方孝孺是否符合儒家之"中道"的作一讨论，附带对方孝孺是否是一个任国之人才进行讨论。但这类材料的特点是不能脱离史笔作传的风格，长于考证、叙述，而弱于分析论证。这些资料中还值得一提的是姚履旋编定的《逊志斋外纪》二卷。他遍采诸书所纪方孝孺殉难后事，及交移案牍之属汇为一编，共分十类：

表扬，像赞，传铭，记状，赐言，赠遗，碑记，祭吊，复姓，祠典。后又有项亮臣《续集》二卷。此书旁征群书，实为对孝孺研究的一大贡献。

2. 有关讨论《逊志斋集》全部内容的资料

《逊志斋集》二十四卷，为方孝孺学生收集编成，但后人多以为其中掺杂了他人的作品，如《四库全书总目提要》载："方正学先生集，传之天下，人人知爱诵之。但其中多杂以他人之诗，如《勉学》二十四首乃陈子平作，《渔樵》一首乃杨孟载作。又有《牧牛图》一绝，亦元人作。"今人徐三见在《方孝孺初论》中比较详细地介绍了方孝孺的生平学术思想。文章分四大部分：一、《志在对贤，以身殉道——方孝孺的生平概述》；《修身明道，务学至治——方孝孺的学术宗旨及特点》；三、《报仁崇本，规模三代——方孝孺的政治主张》；四、《以文载道——方孝孺的文章特色》。

3. 讨论方孝孺思想的具体问题

今人的研究以单篇文章讨论具体问题为多。

如容肇祖先生在《明代思想史》专门讨论了方孝孺思想的学派特征，认为方孝孺是要将学问与事功打成一片，非常反对陆九渊一派的学问。这正是方孝孺学问的践履切实所在之处。饶宗颐先生在《中国史学上之正统论》中提出方孝孺的师辈胡翰有《正纪》一篇可与方文相参，又指出"翰之学后来影响及黄宗羲，《明夷待访录》引其十运（原书作十二运——笔者注）"。萨孟武先生在《中国政治思想史》中说："吾人读方孝孺书，就可知道黄梨洲之'原君'一文实本于方孝孺。""所著《明夷待访录》，多依方孝孺的学说，而辟明之。"几位先生之语虽简略，但基本上勾勒出了方孝孺的思想源流。

关于方孝孺的哲学、理学思想，河南学者李书增等撰的《中国明代哲学》将方孝孺作为明代哲学的开拓者之一。他们认为方孝孺在哲学上首先倡导"践履笃实，反对空谈性命"；认为方孝孺思想承宋濂，宗朱子，遵从朱子格物致知，坚决反对"空言以自诳"的谈玄说无、空言性命的风气；认为方孝孺是以有"补世"的治术为儒者的责任。他们还认为方孝孺知行一贯的思想已经超出传统理学的范围。也正是因为对待学问的如此态度，方孝孺才极力批判佛老。无独有偶，侯外庐先生等撰的《宋明理学史》也对方孝孺的理学思想得出相类似的结论。他们指出方孝孺很少谈到天道观，方孝孺认为当时的问题是如何"尊而行之"，他和许衡一样认为学道要重视小学功夫。方孝孺认为小学并非仅是蒙学之事，而是从儿童至成人皆当践履的功夫。方孝孺还认为学道之要在于治心。他所谓的正心、治心的方法是为了使心清净，毋为物累。方孝孺方法的是比较偏于内省的直觉方法，是朱子当年指责的"存诸内而略夫外"的方法。因此他们对朱学可以说是"得其半而失其半"。

关于方孝孺用周礼的思想，后人大加批评，如清代四库馆臣说："明去周几三千年，势移事变，不知凡几，而乃与惠帝讲求六宫改制定礼，即使燕不起，其所设施，亦未必能致太平。"《宋明理学史》说方孝孺认为古学务本，在修齐治平中，"齐家"最为关键，方孝孺向往周代宗法礼制，以其为"齐家"的模型，并且家与国通，达到致太平。

　　关于方孝孺政治思想的研究，我认为代表学者是萧公权先生。他对方孝孺推崇备至，认为方孝孺是开近代风气之先者。他把方孝孺的政治思想分为四大部分：一曰政治原起，二曰君主职务，三曰宗法井田，四曰民族思想。他说方氏认定人类生而有自然之不平等。政治之功用在补救不平等之困难，使从得遂其生。方孝孺是以不平为要旨，而就政治之目的而言，则方氏立论承孟子贵民之教，认为君位以君职而尊，非本身有可贵之性。《君职》一篇，大明此义，其畅晓切实之处，虽孟子殆有未及。

　　萧著认为，土地制度与宗族之制亦是方孝孺政治思想部分。"后世制度虽备，君臣之分虽明，仍不可不维持宗法，以为政治之基础。盖亲亲为人性之自然，圣人因立为宗族之制，使宗族乡党之间相睦相助，相教相治。乡党无乱子，则天下无乱民矣。"此语道明了宗族制度在治道中的作用。

　　萧著还论述了方孝孺的正统与民族思想。明代以前中国曾两次经历大规模的外族侵略或征服。前有北朝，后有蒙古。明初朱元璋谕中原檄中有"驱逐胡虏，恢复中华"之句。方氏承檄文之意而引申之，附其说于其历史正统论。方氏以为中国历史中朝代之相承有"正统"、"附统"、"变统"之分，正统、附统、变统之区别有之二："一曰君臣之分，二曰华夷之别。"方之民族思想实影响王夫之。其正统论开创之功巨大。从这里我们也可以得到启发，方孝孺思想之主体是其政治思想。而另一位政治思想史名家萨孟武先生大体上也是遵循这一思路整理了方孝孺思想，所不同之处有三：其一，本于君职的内在含义，注重方孝孺思想中的小民革命理论，因为方孝孺《民政》中说："斯民至于秦，而后兴乱，后世之人亡国者大率皆民也。"其二，注重方孝孺的法、人、刑治理论，认为方孝孺是重法、重人而轻刑。其三，注重分析方孝孺对朱子正统论的纠正，认为儒士仕元多因朱子正统论过分重"统"而不重"正"。另外有一政治思想名著值得我们关注，台湾孙广德教授的《方孝孺的政治思想》。孙广德认为方孝孺的政治思想以人性本善为理论基础。其论政权的正当性，以正当的身份与正当的手段取得，并以仁民爱物的态度为原则。他还认为方孝孺依儒家之精神，以为德优于政刑，人治与法治兼顾。其论君，以之为民而立；论臣，以道事君为原则。孙文以通畅的文笔、厚实的政治思想功底将方孝孺的政治思想论述得十分生动，但他没有对方孝孺思想进行深掘与展开。

方孝孺思想还有一个重要的部分那就是方孝孺的正统论思想。饶宗颐先生花了五年时间写成《中国史学上的正统论》，把我国历史上的正统思想梳理了个遍，系统考论了中国历史上的正统论。而《中国史学思想通史（明代卷）》对方孝孺正统思想做了进一步的分析。作者认为方孝孺正统思想是针对朱子"正统即一统"的观点而发的，提出了一个非常重要的理论问题：史学应不应该主持正义，惩恶扬善？如果应该，那么应以什么价值标准来衡量历史正义？方孝孺认为对历史的道德判断要超越具体的史实与时代。为此，他立正统一、变统三以及虽有天下亦不得继统三种类型。而其标准一为民心，二为乱华乱伦者不得入。作者还讨论了方孝孺这一理论对后世如丘濬、章潢、费闾的影响。

此外，关于方孝孺思想中具体问题的讨论有苦乐问题、乡里问题和其后人问题等。

方孝孺之死，诛及十族873人，戍边者数万人，死者又不知几何，这是中国历史上由知识分子引起的最大的惨案。所以后世学者多对此有所论述。浙江学者徐立新对这一问题做了一个有代表性的论述。他把这场悲剧归于政治与文化的冲突。他首先讨论了洪武朝的政治环境：废省罢相，廷杖与特务恐怖统治。然后对比方孝孺的儒学理想、学术理想和政治理想，再论及方孝孺在建文朝对理想孜孜以求的实践与建文帝和方孝孺的同气相求，进而论及朱棣风格与洪武帝的相似，以及在这场对抗中的朱棣的表现，最后论及方孝孺的人格也就可以得出他选择死的合理性了。此类讨论在古人文集中也有许多。

后　记

本书是在本人博士学位论文《理念世界与现实政治的冲突——方孝孺之死的思想史解读》基础上修改而成的。

以今天的眼光看，它是一个学术新手的初作，有许多不逮人意的地方，然就其研究内容而言，还是有值得奉献给学界的地方。

写作是困难的。陆机在《文赋》中说："恒患意不称物，文不逮意。盖非知之难，能之难也。"书稿算是完成了，人却轻松不下来。回顾15年前在中山大学的求学生活，往事历历可见。求学经历虽然艰苦，但奠定了自己的学术道路。

书稿凝聚了许多人的心血。

感谢博士导师黎红雷教授。本书写作的全过程都是在黎师悉心指导下完成的。没有黎师的关怀，学生绝走不完硕博连读的那五年历程。先生对创新孜孜以求的精神，上学而下达的精神，激励和指引着学生的研究方向。学生谨在此衷心地感谢黎师的教导与关怀！

感谢博士副导师张丰乾教授。张师虽与学生年龄相差无多，但张师渊博之学识、严谨之治学精神，令学生感佩于心。对于本书稿，张师阅读了许多遍。每次按张师的指导修改过的书稿都像换上了一层新衣。学生衷心地感谢张师！

感谢导师组陈少明教授、冯达文教授、张永义教授。陈师指导学生作品，意见平允而中肯，让学生如沐春风。冯师严谨的治学态度，精深通贯的学术见解，让学生受益良多。张师看似"不经意"的一句话就能让学生受益匪浅。

感谢刘小枫教授、杨海文教授通读了本书的初稿，提出了中肯的意见，并惠赐补充文献。感谢台湾著名学者韦政通教授、王赞源教授在我收集资料过程中给予的莫大帮助。两位先生有求必应，以航空邮件迅速寄来数十种资料，让学生感动不已。

感谢李宗桂教授。李师在课堂上富有启发的生动讲授至今让学生受益。感谢给予我教诲的李振纲教授、段景莲教授和贾占新教授，感谢诸位老师指导我进入中国哲学的殿堂。

感谢求学期间程宇宏、唐雄山、戴黍、李文波、王东江、方军、熊申英、张其明、陈萍生、柴忠月、王丽霞、李晨光、黄月细诸学友以及北京大学哲学系王云飞同学的关心与帮助。学院领导和同事吴克昌教授、邬智研究员、王郅强教授、王欧教授在本书写作中给予了很多启发和帮助，在此深表谢意。感谢我的研究生李伟、黄晶、郭璨、卢倩婷在书稿整理过程中提供的帮助。

在书稿审阅中，社会科学文献出版社刘荣副编审和韩晓婵编辑提出了许多中肯的意见与建议，付出了大量的心血，让我非常感动，在此深表谢意！

到广州求学工作16年来，父母默默地牺牲与奉献，他们是我前进的最大动力。儿子出生，母亲重病，让我对生命、生活和家庭有更深的感悟，感谢母亲的坚强与儿子的聪明！我爱你们！

前进之后再回首，方知经历真的是财富。翻阅书稿，尚待改进之处良多，实难心安，唯今后更加努力。

文责自负。

张树旺　谨识于

华南理工大学公共管理学院 212 研究室

2016 年 9 月 9 日

图书在版编目(CIP)数据

明初行政体制改革的逻辑：从方孝孺与浙东学派的
视角 / 张树旺著. --北京:社会科学文献出版社,
2017.1

ISBN 978 - 7 - 5097 - 9819 - 5

Ⅰ.①明… Ⅱ.①张… Ⅲ.①行政管理－政治体制改
革－研究－中国－明代 Ⅳ.①D691.22

中国版本图书馆 CIP 数据核字（2016）第 245718 号

明初行政体制改革的逻辑
——从方孝孺与浙东学派的视角

著　　者／张树旺

出 版 人／谢寿光
项目统筹／王　绯
责任编辑／刘　荣　韩晓婵

出　　版／社会科学文献出版社·社会政法分社（010）59367156
　　　　　　地址：北京市北三环中路甲 29 号院华龙大厦　邮编：100029
　　　　　　网址：www.ssap.com.cn
发　　行／市场营销中心（010）59367081　59367018
印　　装／三河市东方印刷有限公司

规　　格／开　本：787mm×1092mm　1/16
　　　　　　印　张：16.25　字　数：187 千字
版　　次／2017 年 1 月第 1 版　2017 年 1 月第 1 次印刷
书　　号／ISBN 978 - 7 - 5097 - 9819 - 5
定　　价／68.00 元

本书如有印装质量问题，请与读者服务中心（010 - 59367028）联系

▲ 版权所有 翻印必究